Scheißmutter

Martina Woknitz

Martina Woknitz
nach den wahren Erlebnissen von Anna U.

Scheißmutter
eines süchtigen Sohnes

Biografischer Roman

DeBehr

Herausgeber: Verlag DeBehr, Radeberg
Erstauflage: 2019
ISBN: 9783957536822

Inhaltsverzeichnis

Vorwort

Liebe Leserinnen und Leser,

dieses Buch, das Sie in den Händen halten, ist nicht meine Geschichte.
Es ist die Geschichte von Anna U.

Ich lernte Anna über Facebook kennen. Täglich schrieben wir uns. Von Anfang an war zwischen uns eine Art Vertrauen, zu dem ich keine Worte finde. Wir waren wie seelenverwandt. Ich glaube eigentlich nicht an Schicksal, aber das machte mich doch nachdenklich. Oder war es Zufall? Zufall oder Schicksal? Ich kann es nicht beantworten. Es dauerte nur ein paar Wochen, und wir kamen auf unsere Lebensgeschichten zu sprechen. Ich sprach über meine, sie erzählte mir ihre in kurzen Episoden, aber diese waren so erschütternd, dass ich oft Gänsehaut bekam. So kam es, dass ich Anna vorschlug, ihre schlimmen Erlebnisse aufzuschreiben, das hilft in manch schwerer Lebenssituation. Ich erzählte ihr von meinen Büchern. Anna wollte mehr darüber wissen.
Wir wohnten nicht sehr weit auseinander, ca. zwei Autostunden entfernt.
Eines Tages kam es dazu, dass wir uns verabredeten.
Als ich zum ersten Mal auf Anna traf, sah ich eine Frau mittleren Alters, die aber nicht viel Interesse an ihrer äußeren Erscheinung hatte. Sie sah nicht schlampig aus, um Gottes willen! Nein, das war sie nicht. Anna trug moderne Kleidung, aber man sah ihr an, dass sie mit den Nerven total fertig war. Sie schminkte sich nichts weg, ihre Haare hingen ihr lose in Sträh-

nen bis zum Kinn. Sie erinnerte mich an meine Psyche, die vor Jahren genau das Gleiche aus mir gemacht hatte. Wenn man nur Böses erlebt, ist man sich selbst egal. So erging es Anna auch.
Wir trafen uns in einem Café, welches wunderschön an einem See lag. Wir verstanden uns auf Anhieb super. Ich hatte meine Bücher mit und schenkte sie ihr. Es wurde ein sehr trauriger Nachmittag. Was Anna mir erzählte, erinnerte mich zum Teil an meine Geschichte, zum anderen war ich geschockt, dass manche Menschen einfach kein Licht am Ende des Tunnels sehen dürfen. Die vergossenen Tränen von uns hätten einen kleinen See füllen können. Aufgrund der Kürze der Zeit, in der mir Anna einiges anvertraute, mussten wir uns für heute verabschieden. Wir verabredeten uns für die nächste Woche an derselben Stelle. Ich wollte für Anna da sein, wollte, dass sie sich alles von der Seele reden konnte. So erzählte ich ihr, dass mein Mann und ich in der kommenden Woche Urlaub, aber nichts Besonderes geplant hatten. Ich schlug ihr vor, wenn sie möchte, könnten wir uns dann jeden Nachmittag treffen und reden. Anna nahm den Vorschlag dankbar an. Mein Mann und ich buchten uns in einem Hotel in Annas Nähe ein, so traf ich mich mit ihr an jedem Nachmittag bis spätabends. Ich hätte nie gedacht, dass es so intensiv werden würde. Bei den Gesprächen mit Anna war mein Mann nie dabei, er vertrieb sich seine Zeit mit Wandern und Lesen. Das war seine Welt.
Ich ahnte jedoch nicht, was sie mir vorschlug:

Sie bat mich, ihre Geschichte in einem Buch zu verfassen, sie selbst könne das nicht. Ihr gefiel mein Schreibstil, der nicht poetisch ist, eher wie eine Erzählung. So wollte ich das auch:

Ich bin keine Schriftstellerin, ich wollte mir einfach alles von der Seele schreiben und vielleicht sogar einigen anderen betroffenen Frauen zeigen, dass es immer einen Weg gibt, aus einer Spirale der Gewalt auszubrechen.

Anna erzählte und erzählte, ich bedankte mich immer wieder für ihr Vertrauen. Ich schrieb alles mit, was sie mir erzählte. Kein Tag verging, an dem wir nicht bitterlich weinten. Eines Tages übergab sie mir vier Tagebücher, die sie in ihrem Leben geführt hatte.
"Martina, ich vertraue sie dir an, mach etwas daraus, bitte."

Mit so viel Vertrauen hatte ich nicht gerechnet, es ehrte mich und machte mir natürlich auch vieles leichter.

"Martina, bitte schreib meine Geschichte auf. Vielleicht veröffentlicht sie dein Verlag und ich kann auch Menschen helfen, die in meiner oder einer ähnlichen Situation sind. Es geht mir am allermeisten um meinen Sohn und meine Enkelin." Anna begann bitterlich zu weinen. Ich nahm sie in den Arm und versprach ihr, die Geschichte aufzuschreiben.
Ich versprach ihr, sobald ich das Manuskript fertig hatte, es ihr zuzusenden. Dann kann sie in Ruhe entscheiden, ob ihre Geschichte wirklich an die Öffentlichkeit sollte.
Anna stand zu ihrem Wort. Eine Woche, nachdem ich ihr das Manuskript zugesandt hatte, rief sie mich an und weinte. Sie wollte unbedingt, dass ich versuchte, ihre Geschichte veröffentlichen zu lassen.

Anna ist 51 Jahre alt, wohnt in einer schönen Stadt in einer kleinen Wohnung mit ihrem Mann. Sie ist in zweiter Ehe verheiratet.

Hier ist sie:

Annas Geschichte

Liebe Leserinnen und Leser,
es ist wirklich alles so passiert, wie es in diesem Buch beschrieben ist.
Die Namen der Personen sind aus Personen- und Datenschutzgründen geändert.

Ich habe das Buch in der Ich-Form geschrieben, so wie Anna es mir erzählt hat.
Vielleicht können Sie sich so besser in ihre Situation einfühlen.

***

Was macht ein Kind, welches hinter der "heilen" Fassade einer schicken Wohnung sexuell missbraucht wird? Es hält schweigend aus, hat keine andere Wahl.

Was macht eine erwachsene Frau, die hinter der "heilen" Fassade einer schicken Wohnung schwer misshandelt und missbraucht wird? Sie hält alles aus, aber sie hätte die Wahl, auszubrechen und zu gehen. So wäre der gesunde Weg. Wenn die Angst und Panik jedoch größer sind, als jeder klare Gedanke, hält auch sie aus.

Was kann aus einem Kind werden, welches in diese Gewalt hineingeboren wird? Es kann ein wunderbarer Mensch werden, der Gewalt zutiefst verabscheut. Es kann aber auch große

Schwierigkeiten haben, den richtigen Weg im Leben zu finden.

Ich möchte nicht meine ganze Kindheit, Jugend und meine erste Ehe beschreiben. Ganz ohne Erklärung wird es jedoch nicht gehen.

Ich war so schwach, so fürchterlich schwach. Mit meinen Worten kann ich nicht beschreiben, wie leid es mir tut, den Absprung nicht rechtzeitig geschafft zu haben. Am allermeisten tut es mir leid für meinen Sohn, der so vieles miterleben musste.

***

Mit 18 Jahren lernte ich meinen zukünftigen Mann kennen. Wir trafen uns in einer Disco, tanzten an diesem Abend sehr viel miteinander, vor allem die damals sogenannten "Schmusesongs". Er war groß, schlank, durchtrainiert, hatte braune, lockige Haare und braune Augen. Die liebte ich am meisten. Von diesem Tag an waren wir unzertrennlich. Drei Jahre waren wir zusammen, da bekam ich einen wunderschönen Heiratsantrag von ihm. Einen Riesenstrauß roter Rosen hielt er in seiner Hand, überall standen brennende Kerzen, meine Lieblingsmusik lief und er war richtig schick angezogen. Ich nahm den Antrag natürlich glücklich an. Er wohnte allein, ich wohnte noch bei meinen Eltern, aber eigentlich nur auf dem Papier. Zu Hause war ich so gut wie nie. Ich war froh, dort raus zu sein. Am Abend des Heiratsantrages feierten wir mit unseren Freunden. Das hatte mein Mann alles schon organisiert. Ich war so glück-

lich. Die Stimmung war ausgelassen. Wir sangen, lachten viel und tanzten. Jeder wollte mit der zukünftigen Braut tanzen. Mein zukünftiger Mann wurde jedoch immer stiller. Ich dachte, er wäre müde und schlug ihm vor, nach Hause zu gehen. Wir feierten in einer kleinen Gaststätte. Er stimmte zu und wir gingen nach Hause. Ich fand es etwas schade, weil noch so eine gute Stimmung war, aber er schien wirklich müde zu sein.
Zu Hause angekommen, schlug er mir ins Gesicht, dass ich dachte, mir würde der Kopf platzen. Was war denn los? Ich hielt mir die Wange und sah ihn erschrocken an: “Schatz … was …?”
“Halt die Klappe! Hat Spaß gemacht, mit den ganzen Kerlen zu tanzen? Bietest dich ja an wie eine Nutte!” Was sagte er da? Ich habe doch nur getanzt. Mehr war da doch nicht. Im Schlafzimmer schlug er mir noch einmal ins Gesicht, legte sich in sein Bett und schlief. Ich konnte nicht schlafen, konnte nicht begreifen, was hier gerade passiert war.

Am nächsten Morgen ging ich in die Küche und bereitete das Frühstück zu. Warum ich nicht gegangen bin? Wohin denn? Zu meinen Eltern? In die Hölle meiner Kindheit zurück? Nein! Niemals! Ich liebte ihn ja auch abgöttisch. Ich hielt das für einen Ausrutscher. Er entschuldigte sich tausendfach und schlug mir im gleichen Atemzug vor, doch zusammenzuziehen. “Liebst du mich überhaupt?”, fragte ich ihn.
Er nahm mich in den Arm: “Klar, mein Engel. Sonst würde ich dich doch nicht heiraten. Ich weiß, gestern Abend, das war großer Mist. Das kommt nicht mehr vor, versprochen!”
Also stimmte ich zu, uns eine gemeinsame Wohnung zu su-

chen. Diese fanden wir auch relativ schnell. Als unsere Wohnung eingerichtet war, heirateten wir. Es war eine wunderschöne Hochzeit. Ich fühlte mich in meinem Kleid wie eine Prinzessin. Alle unsere Freunde und Familien waren dabei. Natürlich auch meine Eltern. Ich hatte aber nur Augen für meinen Mann, meinen Vater blendete ich komplett aus. Mein Mann sah so schick aus in seinem Anzug. Er war überhaupt ein sehr gut aussehender Mann: Groß, schlank, hübsches Gesicht, dunkles Haar und seine braunen Augen liebte ich unendlich. Der schöne Tag ging leider viel zu schnell vorbei.

Abends im Bett wollte mein Mann unsere Hochzeitsnacht "zelebrieren". Ich war jedoch so kaputt von diesem Tag, dass mir überhaupt nicht nach Sex war. "Hey, wir haben heute geheiratet, da gehört doch jetzt auch schöner Sex dazu", sagte er.
"Bitte Schatz, nicht böse sein, aber ich bin hundemüde. Wir können ja noch ein bisschen kuscheln", erwiderte ich.
Sein Gesicht verfinsterte sich augenblicklich, hasserfüllt sah er mich an. Er kam in mein Bett, zerrte mein Nachthemd nach oben und drang brutal in mich ein. Ich lag da wie ein Brett, es tat höllisch weh. Als er nicht aufhörte, schrie ich ihn an: "Hör auf! Du tust mir weh!"
"Sei still, sonst knallt es!" Ich schrie vor Schmerzen, aber er hörte nicht auf. Als er endlich fertig war, fiel er zur Seite und schlief ein.
Ich konnte nicht schlafen. Ich weinte und weinte.
Meine Gedanken schweiften in meine Kindheit zurück. Ich bin Opfer sexueller Gewalt. Seit meinem neunten Lebensjahr wurde ich, bis ich sechzehn Jahre alt war, von meinem Vater sexu-

ell missbraucht. Es war die schlimmste Zeit meines Lebens. Ich habe es bis dahin nie jemandem erzählt, bis ich den Fehler beging und es an einem Tag vor unserer Hochzeit meinem Mann erzählte. Er hörte mir geduldig zu, nahm mich in den Arm und tröstete mich. Und jetzt vergewaltigte er mich in unserer Hochzeitsnacht?!

Als Kind und Jugendliche bestand ich nur aus Angst. Mit Streicheln fing alles an, aber dabei blieb es nur für kurze Zeit. Noch als ich erst neun Jahre alt war, vergewaltigte mich mein Vater zum ersten Mal in brutaler, vollendeter Form. Es war, als wolle er meinen ganzen kleinen Kinderkörper kaputtmachen, so fühlte es sich an. Ich war ein sehr dünnes, schmächtiges Kind, mein Vater war groß und korpulent. Es tat so entsetzlich weh, dass ich es nicht in Worte fassen kann, ich drohte auch zu ersticken unter ihm. Er war so furchtbar schwer auf mir. Die entsetzlichen Taten wiederholten sich regelmäßig – mehrmals in der Woche. Danach drehte er sich auf die Seite, nach einer Weile sagte er: "Geh dich waschen, Anna!" Ich schleppte mich dann ins Bad und ließ das Wasser der Dusche über meinen Körper laufen. Der Glibber klebte an meinen Fingern und unter meinen Fingernägeln, wenn ich die Hände unter brühend heißem Wasser wusch. Ich fühlte mich immer schrecklich schmutzig, dieses Gefühl wurde ich nie los.

Wo war meine Mutter? Sie war irgendwie nie da, wenn er mir so schrecklich wehtat. Ich kann bis heute nicht sagen, wo sie war. Ihr etwas davon erzählen? Nein, das traute ich mich nicht. Mein Vater drohte mir immer, dass sie mir niemals glauben,

mich schlagen und mich dann in ein Kinderheim bringen würde. Ich hatte so schreckliche Angst, fühlte mich so schuldig und dreckig. Ich war nichts mehr wert.
Mein Vater vergewaltigte mich an allen Orten, die man sich vorstellen kann: In meinem Bett, in seinem Bett, im Bad auf der Waschmaschine, in der Wanne, unter der Dusche, im Auto – einfach überall. Ich war nirgends sicher. Ich wurde sehr schreckhaft, zog mich komplett in mich zurück, das heißt, ich wurde sehr, sehr still. Das machte es mir in der Schule auch schwer. Ich stieß meine Freundinnen oft vor den Kopf, weil ich nicht zu Treffen kommen wollte; ins Kino gehen wollte ich nicht mehr. Ich musste für meinen Vater da sein, das war das Einzige, was zählte und wehe, es war nicht so. Meinem Vater "rutschte" nicht nur einmal die Hand aus, weil ich mich mit meinen Freundinnen getroffen hatte. Er isolierte mich, so gut es ihm möglich war.

Ich hatte eine fürchterliche, schreckliche Kindheit. Mehr möchte ich aber nicht darüber reden, es ist noch immer so entsetzlich schmerzhaft.

***

Ein halbes Jahr nach unserer Hochzeit wurde ich schwanger. Wir freuten uns riesig auf unser Baby. Mein Mann hatte sich auch gut im Griff. Er war zwar schnell wütend, aber er schlug mich nicht. Ich hatte eine wundervolle Schwangerschaft, konnte alles essen, mir war nicht übel und Schmerzen hatte ich auch nicht.

Als ich mein kleines, süßes Baby zum ersten Mal im Arm hielt, konnte ich mein Glück kaum fassen. Mein Kindertraum war in Erfüllung gegangen. Schon als ich noch ein kleines Mädchen war, wollte ich einmal ein eigenes Baby und die beste Mama der Welt sein. Ich wollte liebevoll mein Kind versorgen und alles Böse von diesem kleinen Menschlein fernhalten. In diesem Moment war ich einfach nur glücklich. Ich dachte nicht an all das Böse, was mir in meiner Kindheit und Jugend widerfahren ist. Das holte mich alles erst sehr viel später ein.
Jetzt genoss ich einfach nur das Glück mit meinem süßen Baby.
Auch der Papa platzte fast vor Stolz. Er trug sein Baby herum, knuddelte, fütterte und wickelte. Er war ein liebevoller Papa, bei dem man die Liebe zu seinem Kind förmlich greifen konnte. Ihm ging es genau wie mir – wir waren vernarrt in dieses kleine Baby.
Ich hatte meine kleine, glückliche Familie.

Eine Woche nach der Geburt durfte ich mit meinem Söhnchen nach Hause. Mein Mann holte uns ab und ich freute mich wahnsinnig auf die neue Zeit mit einem kleinen Kind. Es war anstrengend, aber wunderschön. Die ersten Wochen waren am anstrengendsten, denn nachts durchschlafen war nicht mehr möglich. Aber ich machte es so gern. Ich stand nachts auf, wenn mein Baby schrie, wickelte und fütterte es, rieb das kleine Bäuchlein, bis es wieder selig in seinem Bettchen schlummerte. Es war die schönste Zeit meines Lebens.
Man sagt ja, die Liebe und das Glück sind die beste Medizin

auch bei verwundeter Seele. Das kann ich nur bestätigen. Abgesehen von meinen Albträumen, die mich jede Nacht heimsuchten, ging es mir so gut wie nie.
Unsere Wohnung hatten wir mit den wenigen Mitteln, die uns zur Verfügung standen, gemütlich eingerichtet. Von meinen Eltern bekamen wir zur Hochzeit Geld für Möbel, die noch fehlten. Mit viel Liebe dekorierte ich jeden Raum, unser Schlafzimmer sollte eine Zone der Gemütlichkeit und Geborgenheit werden. Ich freute mich riesig, denn mein Mann lobte mich: "Das hast du alles superschick gemacht, Anna." Bei seinen Worten küsste er mich zärtlich. Ich freute mich so.
Diese Freude sollte jedoch nicht lange anhalten, denn dieses Zimmer wurde für mich zum "Horrorraum".
Jetzt im Moment war aber erst einmal alles perfekt. Die Monate zogen dahin. Unser Baby entwickelte sich prächtig. Wie süß war das erste Lächeln, das Brabbeln und dann die kleinen, wackligen Schrittchen. Es war so wunderschön und süß. Ich hätte nicht glücklicher sein können. Die Sonne strahlte vom Himmel und in meinem Herzen. Mein Mann baute im Garten einen Sandkasten und eine Schaukel. Ich stellte mir vor, wie der Kleine auf der Grünfläche herumtollte, im Sandkasten buddelte und auf der Schaukel jauchzte. Unser kleiner Lucas, so war sein Name, war die Krönung unserer Liebe und unser ganzer Stolz.
Als Lucas ein Jahr alt wurde, organisierte ich eine kleine Feier. Wie süß war er, als er in seine kleinen Patschhändchen klatschte, als er sein Geschenk ungeschickt mit meiner Hilfe aufriss. Zum Vorschein kam eine Eisenbahn. Sofort mussten wir sie aufbauen und er strahlte und freute sich so süß. Wie

schön war es anzusehen, als er damit spielte. Ich sah meinem Mäuschen zu und meine Gedanken schweiften in meine Kindheit zurück. War ich auch einmal so unbedarft glücklich? Ich weiß es nicht. Vor meinem fünften Lebensjahr habe ich nur ganz wenig, kleine Erinnerungsbrocken. Meine genaue Erinnerung habe ich erst ab meinem fünften Lebensjahr. Ich weiß auch nicht, ob es normal ist, dass man sich nicht mehr erinnern kann, wenn man jünger als fünf Jahre ist.
Meine Eltern waren auch total vernarrt in unseren kleinen Mann. Sie schleppten alles an, was sein kleines Herz begehrte. Auch in den späteren Jahren. Lucas hatte alles, was sich ein Kind nur wünschen konnte. Mir war das alles viel zu viel, aber ich sagte nichts. Ich traute mich einfach nicht.

An diesem ersten Geburtstag meines Sohnes ging das Grauen los. Ich brachte ihn an diesem Abend ins Bett, während meine Eltern und mein Mann im Wohnzimmer blieben. Zum "Gute-Nacht-Sagen" kam er noch mal zu ihm, aber zu mir war er eigenartig. Sein Blick war seltsam und glasig. Ich dachte mir aber nicht so viel dabei. Als ich dann im Wohnzimmer bei ihnen saß, war ich wie immer ruhig. Ich sprach kaum, wenn meine Eltern in der Nähe waren. Meine Angst vor ihnen war permanent da. Mein Vater und mein Mann tranken an diesem Abend sehr viel Alkohol. Es war schon nachts, als meine Eltern gingen. Mein Mann brachte sie zur Tür, ich begann aufzuräumen. Ich wollte gerade zur Küche gehen, da stand er mit wutverzerrtem Gesicht vor mir. Er schrie gleich los: "Warum hast du fast nur stumm dagesessen? Als ob dich das alles nichts angeht? Als Gastgeberin kann man dich ja voll vergessen!"

Erschrocken hielt ich in meiner Bewegung inne. Mein Herz fing sofort an zu rasen. Er gab mir so eine harte Ohrfeige, dass ich mich nicht mehr auf den Beinen halten konnte. Ich fiel hin, die Gläser in meinen Händen zersprangen in tausend Teile. Zum Glück habe ich mich nicht geschnitten. Erschrocken sah ich zu ihm auf, da packte er mich auch schon am Kragen meiner Bluse und zog mich hoch. Wieder schlug er mir ins Gesicht, rechts, links, rechts, links – knall, knall. Ich spürte, wie meine Lippe aufplatzte, schmeckte Blut. Ich weinte und bettelte: "Hör auf … bitte … hör auf … warum machst …" Rums, die nächste Ohrfeige. Mein Körper machte sich selbstständig, er fing unkontrolliert an zu zittern. Die aus Kinderzeiten bekannte Angst kroch unerbittlich in mir hoch, während er mich weiter anschrie: "Du verdammte kleine Schlampe, halt jetzt dein Maul, sonst kracht es hier noch richtig!" Ich sagte kein Wort mehr, Tränen liefen mir über das Gesicht. Er gab mir einen letzten Stoß, ich fiel zurück auf den Boden und bebte vor Angst. Er hat es wieder getan, obwohl er mir versprochen hatte, dass so etwas nie wieder passieren würde. Ich konnte keinen klaren Gedanken fassen. Bis heute weiß ich nicht mehr, wie ich ins Bad kam. Meine Erinnerung ist erst ab dem Zeitpunkt zurück, als ich mich im Spiegel sah. Meine Lippe war aufgeplatzt, mein rechtes Auge war geschwollen und rot. Mein ganzes Gesicht war angeschwollen. Selbst mein Genick tat bei jeder Bewegung weh, so hart waren seine Ohrfeigen. Mein Kopf flog nach rechts und links wie ein Ping-Pong-Ball. Ich wartete sehr lange, bis ich sicher war, dass er eingeschlafen war und legte mich fast lautlos ins Bett. Mein Mann schnarchte selig neben mir. Die ganze Nacht weinte und grübelte ich. Ge-

schlafen habe ich überhaupt nicht in dieser Nacht.
Am nächsten Morgen stand ich mit entsetzlichen Kopfschmerzen und Übelkeit auf. Ich schleppte mich in die Küche und bereitete das Frühstück vor. Als er kam, bekam ich sofort wieder Herzrasen. Er kam auf mich zu und hielt mir seine Hand hin. Sofort wich ich zurück. "Komm zu mir, Schatz, es tut mir so leid." Ich nahm seine Hand nicht. Mein Mann begann zu weinen: "Ich weiß nicht, was mit mir los war. Vielleicht hatte ich zu viel Alkohol." Ich weinte auch. Man sollte jetzt denken, dass jede normale Frau ihr Kind nimmt und geht. Nicht so jedoch ich. Wohin sollte ich gehen? Soll ich meinem Kind den Vater nehmen? Ich hatte keine Ahnung. Die Angst beherrschte meine Gedanken. Ja, so unglaublich es ist, ich verzieh ihm wieder. Heute weiß ich, dass ich gar nicht anders konnte, als bei ihm zu bleiben. Zu diesem Zeitpunkt war ich schon sehr krank, was mir aber nicht bewusst war. Meine Angst hielt ich für ganz normal, nachdem, was ich schon alles erleben musste. Selbstbewusstsein hatte ich nicht, nicht das Geringste. Ich war voller Angst und kannte die Gewalt. Ich nahm es hin, genauso, wie es ich es von klein auf gewohnt war. Ich habe nichts anderes gelernt, als alles zu akzeptieren, wie es ist.
Ich ging zu meinem Sohn, weckte ihn liebevoll und nahm ihn aus dem Bett. Erschrocken sah er mich an. Lucas weinte sofort los. Mein Söhnchen hatte Angst vor mir, so wie ich aussah. Es brach mir fast das Herz. Als wir in die Küche kamen, nahm sein Vater ihn auf den Arm und sprach beruhigend auf das Kind ein: "Mama hat Aua, das geht aber wieder weg, Mäuschen. Alles ist gut." Wie liebevoll er sein konnte. Der Kleine sah mich jetzt neugierig an: "Mama … Aua?" Ich nickte, aber

ich lächelte ihn an, streichelte seine kleinen Pausbäckchen.
Es war Sonntag, die Sonne strahlte. Ich sah aus dem Fenster in den Himmel. Mit meinen Augen sah ich die Schönheit des wunderbaren Wetters, in meinem Herzen war jedoch alles grau und dunkel. Heute Nachmittag wollten wir in unserem Garten grillen, nur wir drei. Ich konnte ja nicht unter Menschen, so wie ich aussah. Es wurde ein schöner Nachmittag. Unser Söhnchen tollte im Garten herum. Ich sah ihm zu, wie er auf seinen kleinen Beinchen durch die Gegend tapste. Schaukeln musste sein Papa mit ihm, das konnte ich mit meinen Schmerzen nicht. So ging ein schöner Sonntag zu Ende. Warum konnte es nicht immer so sein? Warum musste es diese sinnlose Gewalt geben? Habe ich es denn wirklich nicht verdient, endlich einmal glücklich zu sein? Ich legte meine ganze Hoffnung in die Versprechen meines Mannes. Ich war so dumm!

***

Unser Sohn entwickelte sich weiter, er ging jetzt in den Kindergarten. In diesem Jahr sollte er in die Schule kommen. Die Versprechen meines Mannes hielten jedoch nicht lange. Längst war es normal, dass er mich verprügelte. Auch sprach er sehr dem Alkohol zu. Er trank mittlerweile jeden Abend. Leider bekam unser kleiner Lucas oft alles mit. Wie oft stand er in der Tür und schrie und weinte. Doch in seinem Wahn nahm mein Mann den kleinen Mann gar nicht wahr. Krampfhaft hielt der Kleine seinen Teddy in seinen kleinen Armen und weinte. Ins Gesicht schlug mein Mann mich jedoch nicht mehr, ich musste arbeiten gehen, das wäre sonst aufgefallen. Die Prellungen und

Hämatome auf meinem Körper waren jedoch permanent da und heilten auch nie richtig aus, da die Abstände seiner Attacken immer kürzer wurden. Ich kann nicht beschreiben, was ich für Angst um mein kleines Söhnchen hatte. Was, wenn er sich auch an ihm vergriff? Wenn er anfängt, ihn auch zu schlagen? Nein, er sollte doch nicht durchmachen, was ich als Kind durchmachen musste. Ich muss auf mein Kind mit aller Macht aufpassen. Nur versteckt ließ ich meinen Tränen freien Lauf. Wieder bestand mein Leben nur aus Angst. Angst vor den Schlägen meines Mannes, Angst, dass auch mein Kind geschlagen werden würde. Aber trotz aller Angst schwor ich mir, nie zuzusehen, sollte er nur einmal meinen kleinen Jungen schlagen. Ich ertrug es, aber meinem Mäuschen durfte so etwas NIE passieren.

Doch die aggressive Stimmung ging an ihm nicht spurlos vorbei. Lucas war ein fröhliches, aufgewecktes und wildes Kind. Er lachte und tobte viel und war zu jedermann offen. Nach und nach bemerkte ich aber, dass seine Fröhlichkeit nachließ. Seinen Vater schaute er mehr und mehr ängstlich an. Mein Mann dachte nicht darüber nach, was diese Gewalt in diesem kleinen Jungen auslöste. Daran verschwendete er keinen Gedanken.
Lucas weinte jetzt oft und hatte Angst. Am schlimmsten war es, wenn ich ihn ins Bett brachte. Er wollte mich manchmal gar nicht loslassen. Kein Wunder, abends und nachts waren die Übergriffe am schlimmsten. Tagsüber wich er auch oft nicht von meiner Seite. Er saß auf meinem Schoß und wollte gar nicht von mir weg. Leider konnte der Kleine auch sehr wütend werden. Wenn Lucas etwas haben wollte und bekam es nicht,

wurde er bockig und böse. Ich tröstete und liebkoste ihn, bis er wieder fröhlicher wurde. Die vergiftete Atmosphäre zu Hause war immer greifbar. Ich war sehr still, versuchte immer, meinem Mann alles recht zu machen. Aber das war ein sinnloses Unterfangen. Ich konnte ihm nichts recht machen.

Wer sich jetzt fragt, ob meine Eltern nichts gemerkt hatten und mich hätten da rausholen können, den muss ich leider enttäuschen. Ich bin mir heute noch sicher, dass sie es gesehen und gespürt haben. Kann man als Eltern über Jahre übersehen, wenn es dem eigenen Kind schlecht geht? Nein, das glaube ich nicht. Unternommen oder gar mit mir geredet haben sie nie. Ich war denen egal, davon bin ich überzeugt. An Lucas hatten sie einen Narren gefressen, aber auch ihm zuliebe unternahmen sie nichts. Eltern spüren doch so etwas, oder nicht??

In den folgenden Jahren lebte ich nur für meinen Sohn. Die Übergriffe gegen mich nahmen kein Ende. Immer, wenn ich mich mit Selbstmordgedanken trug, was mehr als einmal der Fall war, sah ich das Bild meines Kindes vor mir und hielt mich am Leben. Was sollte aus ihm werden, wenn ich nicht mehr da wäre?
In all diesen Jahren habe ich mich mit meinem Leben abgefunden. Blöd, wie ich war. Ich habe seine Beschimpfungen und Schläge ebenso ertragen wie die meiner Eltern als Kind.

Lucas gegenüber wurde mein Mann eher gleichgültig. Er spielte zwar immer mal mit ihm, aber wie es ihm ging, wer seine Freunde waren, was er gern tat, das interessierte ihn nicht.

Auch für alle schulischen Angelegenheiten war ich alleine zuständig.

Ein Abend hat sich so sehr in mein Gedächtnis eingebrannt, aus dem Grund, dass ich nie gedacht hätte, wie weit mein Mann in seiner krankhaften Gewalt gehen würde. Niemals hätte ich ihm das zugetraut, obwohl er mir schon so viel angetan hatte. An jenem Abend rastete mein Mann wieder total aus. Fast wie immer, war er auch wieder betrunken. Lucas schlief schon. Mein Mann forderte mich auf, mit ihm zu trinken und hielt mir ein Glas Sekt hin. Das wollte ich aber nicht.
"Doch, du wirst jetzt mit mir anstoßen, mein Schatz!" Widerlich lächelte er mich an. "Zieh dich geil an und dann machen wir uns einen schönen Abend!" Ich hatte solche Angst vor ihm, dass ich gehorchte, zog mir Dessous an und ging mit schlotterndem Körper zurück zu ihm. "Überraschung", lachte er. In seiner Hand hielt er einen überdimensionalen, großen, schwarzen Dildo. Ich möchte ihn nicht weiter beschreiben, nur so viel, dass er für beide Seiten zu gebrauchen war, also vaginal und anal. Schon bei dem Anblick erschrak ich mich zu Tode und fühlte mich jetzt schon wie zerrissen. Geschockt konnte ich nur flüstern: "Nein!" Ich nahm das Glas Sekt und trank es in einem Zug leer. "Das ist doch nicht dein Ernst, das tust du mir nicht an. Der ist doch viel zu groß."
"Stell dich doch nicht schon wieder so an. Für deinen Vater warst du doch auch die kleine Schlampe. Warum kannst du es denn für mich nicht auch sein? Los komm jetzt ins Bett, sonst knallt es!" Wie kann ein einzelner Mensch so gemein sein? Das war doch alles nicht mehr wahr. Als ich ihm das Geheimnis

meiner Kindheit anvertraute, tröstete er mich, war geschockt. Und jetzt? Wollte er mich so erniedrigen? Als ich nicht reagierte, schrie er mich an: "Los jetzt! Sonst dreh ich durch!"
Ich gehorchte und ging zu ihm. Es war so entwürdigend.

Mir gefror das Blut in den Adern, als ich auf dieses Riesending starrte. Ich stand stumm da und tat nichts dergleichen. Mein Mann stieß mich rücklings auf das Bett, kniff und biss mir in beide Brüste. Ich schrie vor Schmerzen auf. "Sei still, kleine Schlampe!", keuchte er. Ich konnte aber nicht aufhören. Es tat so weh. Er schob dieses Ding brutal in mich hinein und die Stöße damit waren unbeschreiblich schmerzhaft. Ich hatte das Gefühl, er zerstört mich innerlich total, weinte und bettelte, dass er endlich aufhört. Aber nein, jetzt drehte er erst richtig auf. "Auf den Bauch mit dir!", fuhr er mich an.
"Nein …!", schrie ich. Er erledigte das, indem er mir eine Ohrfeige verpasste und mich mit Gewalt auf den Bauch drehte, mir den Slip herunterriss und brutal in meinen Po eindrang. Rücksichtslos und brutal vergewaltigte er mich mit diesem Monstrum anal. Ich weinte und schrie. Er riss an meinen Haaren: "Ja, schrei schön. Das ist so geil, kleine Schlampe!", stöhnte er. Er weidete sich an meinen Schmerzen und es gefiel ihm auch noch, dass ich vor Schmerzen gar nicht wusste, wohin mit mir. Ich dachte, ich werde ohnmächtig. Wäre ich es doch nur geworden! Mein Körper war nur noch eine Hülle, an der er sich bedienen konnte, wie er wollte. Über Stunden ging das in dieser Nacht. Als er endlich von mir abließ und eingeschlafen war, schleppte ich mich ins Bad. Ich drehte den Wasserhahn der Wanne auf, aber es war mir nicht möglich, in die Wanne zu

steigen. Ich konnte kein Bein anheben, mein Rücken fühlte sich an wie durchgebrochen, Blut lief an meinen Beinen herunter. Völlig am Ende, komplett entwürdigt und gedemütigt, voller Angst saß ich auf dem Fußboden im Bad, entledigte mich der Strümpfe (mehr hatte ich nicht mehr an). Ich nahm mir einen Lappen vom Waschbecken, da ich den im Sitzen erreichen konnte und wusch mir notdürftig das Blut von den Beinen. Keine Träne konnte ich weinen. Meine Seele, mein Geist und meine Gefühle waren leer. Ich starrte nur noch ins Leere. In meinem Unterleib waren die Schmerzen unbeschreiblich. Am meisten ängstigte mich das viele Blut. Ich blutete anal und vaginal, es hörte einfach nicht auf.

Plötzlich stand mein Sohn vor mir. Entsetzt sah er mich an. Er war zu dem Zeitpunkt neun Jahre alt. "Mama ... oh Gott ... Mama, wie siehst du denn aus." Er blieb wie versteinert stehen. Ich fragte so blöd: "Was machst du denn hier?"
"Ich wollte auf die Toilette.
"Ja, o. k., ich gehe raus." Ich schaffte es jedoch nicht, auf die Beine zu kommen. Lucas fing an zu weinen. "War das Papa?", fragte er. Geantwortet habe ich nicht, aber er wusste, dass er mir so furchtbar wehgetan hat. Was genau passiert ist, wusste er nicht, und das war auch gut so. Lucas dachte, er hat mich schlimm verprügelt und das war schlimm genug für die kleine Kinderseele. Er half mir, so gut er konnte, und gemeinsam schafften wir es zum Wohnzimmer bis zum Sofa.
Das kleine Kerlchen, mein Kind, musste seine Mutter stützen und mit ansehen, wie zerschunden sie war. Genau das, was ich nie wollte, trat ein.

“Mama, ich rufe einen Krankenwagen.”
“Nein, niemals! Ich schäme mich so.”
Für den Rest der Nacht blieb er bei mir auf dem Sofa.

Als es Zeit zum Aufstehen war, hörte ich meinen Mann in der Küche. Ich traute mich nicht, dorthin zu gehen. Als mein Sohn gerade in die Küche wollte, rief dieses Monster: “Schatz, kommt frühstücken!” Wieder fing ich an zu zittern. Als ob letzte Nacht nichts geschehen war, rief er mich fröhlich zum Frühstück. Mit aller Kraft und unter Schmerzen schleppte ich mich in die Küche. Das Hinsetzen und das Sitzen überhaupt bereiteten mir unerträgliche Schmerzen. Ich blutete auch immer wieder, sodass ich mir Binden einlegen musste.
“Was hast du mit Mama gemacht?” Mein mutiger, tapferer, kleiner Sohn fragte seinen Vater gerade heraus. Mir blieb vor Angst fast die Luft weg. “Eigentlich nichts”, grinste dieses Scheusal, “wir hatten nur etwas Spaß. Das haben Erwachsene eben, aber das verstehst du noch nicht. Ich will auch von dir nichts mehr hören!” Seine Augen funkelten meinen Kleinen böse an. Lucas war daraufhin still. Er hatte auch Angst.
Furchtbar! Mein armes Kind! Was ist das für ein Umfeld für ein Kind? Theoretisch wusste ich, dass ich weggehen musste, ich konnte es aber nicht in die Praxis umsetzen.

Spätestens jetzt werden Sie sich fragen, warum ist sie nicht abgehauen mit ihrem Kind oder hat ihm etwas über den Schädel geschlagen? Dazu kann ich nur sagen, dass ich so voller Angst war, niemals hätte ich mich das getraut. Wer nicht die Gewalt erlebt hat, wie ich es von klein auf musste, kann das

schwer beurteilen und das verstehe ich auch. Wie viele Frauen stecken in solchen Situationen? Werden Jahre oder gar Jahrzehnte lang genauso fürchterlich behandelt wie ich oder gar noch schlimmer? Diese Frauen sind nicht dumm oder feige. Nein, diese Frauen stecken voller Angst und eigener Wertlosigkeit. Ihnen wurde immer eingeredet, dass sie ein Nichts sind, dass etwas Schlimmes passiert, wenn sie gehen usw., dass sie sich es einfach nicht trauen. Genauso ging es mir. Ich traute mich einfach nicht. Was wäre, wenn er mich in seiner Wut dann totschlägt? Ich will ihm nicht unterstellen, dass er das gewollt hätte, aber weiß man das? Absichtslos vielleicht? Ich hätte nur unglücklich fallen brauchen oder ein unglücklicher Schlag? Das alles hat man im Kopf und die Angst hält einen zurück. Es gibt nicht umsonst Tausende und Abertausende misshandelter Frauen.
Mir wurde von klein auf eingeredet, dass ich ein Nichts bin, dass ich nichts kann und nichts bin und von meinem Mann erfuhr ich nichts anderes. Irgendwann glaubt man genau das, dass man dumm, faul und nichts wert ist. Es ist vielleicht unvorstellbar, aber es ist leider genauso. Angst und kein Selbstwertgefühl beherrschten mich.

Ich ertrug weiter die Schläge und jetzt auch die immer wiederkehrenden Vergewaltigungen in jeder brutalen Form. Ständige Blasenentzündungen begleiteten mich so gut wie täglich. Die unzähligen, brutalen Vergewaltigungen hinterließen ihre Spuren. Ich blutete sehr oft anal und vaginal, hatte wahnsinnige Schmerzen. Ich schämte mich so sehr, dass ich mich nicht einmal traute, zum Gynäkologen zu gehen. Ich versorgte mich mit

Binden, das musste reichen. Aber selbst das Blut ließ meinen Mann nicht zurückschrecken. Es war ihm völlig egal.
Selbst war ich mir auch egal, war nur noch ein Schatten meiner selbst, essen konnte ich nicht mehr richtig und schlafen sowieso nicht.

***

Lucas' einnehmendes, bezauberndes Wesen und sein Lachen verschwanden fast, er war unruhig und nervös, aß sehr schlecht. Kein Wunder bei den Verhältnissen, in denen er aufwuchs. Mein Junge musste mir eine Stütze sein, obwohl es doch genau umgedreht sein sollte. Ich machte mir große Sorgen, aber geändert habe ich nichts. LEIDER!!!
Die nächsten Jahre vergingen. Zu Hause blieb alles, wie es war. Mein Mann beherrschte mich total und Lucas kam in die Pubertät. Er ließ sich nicht gern etwas sagen, war aufbrausend und manchmal sogar richtig aggressiv. Auch seine Leistungen in der Schule ließen nach. Ich habe immer versucht, für ihn da zu sein, aber ich schaffte es nicht. Er bekam zu viel von der Gewalt seines Vaters mit.

Ich möchte hier eine typische Situation schildern:
Lucas war zur Geburtstagsfeier eines Freundes eingeladen. Dort wollte er bis 00:00 Uhr bleiben. Das erlaubte ich jedoch nicht. Ich wollte, dass er um 22:00 Uhr daheim ist und wollte ihn abholen.
"Mama, die dürfen alle so lange bleiben, nur ich natürlich nicht."

“Du bist 13 Jahre alt Lucas. Du darfst so lange nicht allein wegbleiben, schon von Gesetzes wegen. Ich hole dich um 22:00 Uhr ab und fertig. Ich meine es doch nicht böse.”
Mein Sohn drehte sich um, knallte die Tür hinter sich zu und raste in sein Zimmer. Ich hörte ihn herumschreien, plötzlich knallte es und noch mal und noch mal. Erschrocken lief ich zu ihm, mir blieb fast das Herz stehen. Er schmiss alles, was ihm in die Hände kam, an die Tür. Beinah hätte ich ein Buch abbekommen, das er in meine Richtung warf.
“Verschwinde!“, schrie er mich an.
“Lucas, was machst du? Hör sofort auf damit!”, schrie ich jetzt auch.
“Was willst du von mir, hä?”, blaffte mein Sohn mich an.
“Ich will nicht, dass du nachts noch irgendwo bist. Mehr nicht.”
“Dann frage ich eben Papa”, erwiderte er trotzig.
“Lucas, dem Papa ist das egal. Solange du dich nicht auf der Straße herumtreibst, ist dem das doch egal. Aber mir ist das nicht egal. Du bist noch zu jung, um so lange wegzubleiben. Bitte versteh mich doch.” Ruhig versuchte ich, ihn zu überzeugen.
Plötzlich kam er wütend auf mich zu: “Hau ab! Du willst auf mich aufpassen? Dass ich nicht lache. Pass doch erst mal selbst auf dich auf!” Peng, die Worte haben gesessen. Er hatte so verdammt recht mit seinen 13 Jahren. Ich konnte nicht auf mich selbst aufpassen, konnte nicht verhindern, dass er so viel mitbekam. Aber trotz allem war ich doch für meinen Jungen verantwortlich. War ich wirklich zu streng mit der Uhrzeit? Ich ging noch einmal zu ihm.

“O. k., mein Sohn, ich hole dich 00:00 Uhr ab, aber keine Minute später.”
“Echt? Cool Mama, danke” freute er sich, kam auf mich zu und nahm mich in den Arm.
“Ich möchte nie wieder solche Ausraster von dir sehen und hören, o. k.?”, erwiderte ich mit Tränen in den Augen.
“Nein, mache ich nicht mehr, Mama“, schluchzte er. Wie hielten uns in den Armen und weinten beide. Zum Glück bekam mein Mann die Auseinandersetzung nicht mit, er war bei einem Kollegen, etwas reparieren. Dann wäre einmal mehr der Teufel los gewesen.
Ich weiß, dass es nicht richtig war, nicht konsequent geblieben zu sein. Das konnte ich einfach nicht. Lucas sollte wenigstens, so oft es mir möglich war, glücklich sein. Das war ich ihm doch schuldig oder?

***

Heute denke ich, dass sich Lucas seiner Sonderstellung bei mir bewusst war. Mittlerweile fingen auch die schulischen Probleme an. Es war ein schleichender Prozess, begann mit vergessenen Hausaufgaben, Streitereien mit seinen Freunden und nicht nur einmal schwänzte er einfach die letzte Schulstunde. Es musste immer nach Lucas’ Nase gehen, ansonsten konnte er sehr böse und ungehalten werden.

Aufgrund der Schwierigkeiten wurden wir zu seiner Lehrerin in die Schule bestellt. Mein Mann kam natürlich nicht mit.
Mir wurde von der Lehrerin gesagt, dass Lucas dem Unterricht

schlecht folgen konnte und scheinbare Probleme mit seiner Konzentration hatte. Was sollte ich jetzt tun? Ich war geschockt, denn mein Sohn war ein intelligentes Kind. Dies wurde mir auch von der Lehrerin bestätigt. Lucas war in der neunten Klasse. Das war das Jahr, nach dessen Abschluss eine Ausbildung gesucht werden musste. Seine Noten im ersten Halbjahr waren nur noch mittelmäßig bis schlecht. Bis dahin gehörte er immer zu den Besten in seiner Klasse.
Ich hatte wirklich immer nur mit mir zu tun. Ganz leicht habe ich es mir gemacht, was Lucas' Schule anging. Das läuft schon, dachte ich. Wie fahrlässig ich doch war!!

Ich dachte mir, vielleicht könnten wir ja in den Frühjahrsferien mal ein paar Tage in den Urlaub fahren. Wir waren noch nie im Urlaub. Dann hätte ich viel Zeit für ihn und eine andere Umgebung würde ihm vielleicht guttun. Es war sehr naiv gedacht, das weiß ich heute, denn die häusliche Gewalt wäre wieder da, wenn wir zu Hause sind. Ich hätte lieber ganz mit ihm weggehen sollen, aber so weit war ich noch lange nicht. Das Schwerste stand mir aber noch bevor. Das Gespräch mit meinem Mann. Ob der uns allein fahren lässt??
Beim Abendbrot fragte er, wie das Schulgespräch gelaufen war. Lucas und ich sahen uns ängstlich an, aber es half ja nichts. Ich erzählte ihm alles.
"Lucas, das muss sich ändern. Mein Sohn ist gut in der Schule gewesen und das wird auch wieder so, verstanden?" Er redete in einem ganz ruhigen Ton. Ja, das konnte er auch.
"Er hat Probleme mit der Konzentration", erklärte ich ihm.
"Dann muss er eher ins Bett gehen und du musst eben mal die

Hausaufgaben kontrollieren und mit ihm lernen. Bist du wirklich auch dafür zu blöd?", blaffte er mich gleich an.
Was er da von sich gab, war himmelschreiend. Ich habe mich schon immer um Lucas' Schulleistungen gekümmert. Zugegeben – in letzter Zeit war ich zu nachlässig, aber das hatte doch auch seinen Grund. Einerseits dachte ich, das bekommt er selbstständig hin, andererseits war die Gewalt zu Hause für mich der Horror, sodass ich nur mit mir zu tun hatte, irgendwie alles auszuhalten. Mein Mann hatte doch gar keine Ahnung, er kümmerte sich ja um nichts.
Jetzt nahm ich all meinen Mut zusammen: "Ich dachte mir, vielleicht könnte ich mit ihm ein paar Tage wegfahren. Dann sieht er mal etwas anderes und …" Weiter kam ich nicht. Mein Mann schlug mit der Faust auf den Tisch. Sofort zuckten wir zusammen.
"Ihr zwei? Allein? Zur Belohnung für schlechte Noten oder was?", schrie er.
"Nein, nicht zur Belohnung. Ich möchte nur, dass er hier einmal rauskommt und etwas anderes sieht", sagte ich ganz leise, fast schon schuldig.
"Nichts mit Urlaub. Für solchen Luxus haben wir kein Geld", brüllte er ungehalten und verließ die Küche. Leise schluchzte Lucas: "Das war's dann wohl Mama. War ja klar." Er stand auf und ging in sein Zimmer.

So vergingen die nächsten Monate. Harmlose Alltagssituationen führten bei uns im Nu zu sinnloser Gewalt. Auch die Vergewaltigungen waren regelmäßig. Ich wollte mich ihm gar nicht verweigern, aber brutalen Sex wollte ich nicht. Zu normalem Sex war er gar nicht mehr fähig. Nur Gewalt verschaffte ihm scheinbar die Befriedigung. Ich ertrug es kaum noch, war völlig am Ende. Zum ersten Mal dachte ich über Trennung nach. Ich wusste einfach nicht, wie ich das anstellen sollte. Wenn ich ihm sagen würde, ich will mich trennen, wie reagiert er dann? Schlägt er dann noch sinnloser auf mich ein? Sperrt er mich ein? Schlägt er mich tot? Es war der absolute Horror.

Es war an einem Sonntag. Wir waren fertig mit Frühstücken. Mein Mann ging in den Garten, Lucas in sein Zimmer. Ich begann mit der Hausarbeit und bereitete das Mittagessen vor. Rouladen, Rotkohl und Klöße sollte es geben. Das aß mein Mann besonders gern.
Ich war gerade dabei, das Fleisch zu würzen. Die Rouladen lagen ausgerollt auf der Arbeitsplatte. Plötzlich stürmte mein Mann in die Küche, wutentbrannt und alkoholisiert. "Wie sieht es denn hier aus? Kannst du Dreckstück nicht wenigstens die Küche sauber halten? Hier sieht es überall aus wie bei den Schweinen!" Ganz dicht war sein Gesicht vor meinem, während er mich anschrie. Dieses verdammte Zittern, das sich sofort in meinem Körper breitmachte! Der Salzstreuer fiel mir gleich aus der Hand. "Aber es ist doch überall sauber. Bei Rouladen ist das nun mal …", weiter kam ich nicht. "Bei anderen Frauen sieht es garantiert nicht so aus. Was habe ich bloß für eine Schlampe geheiratet?", brüllte er weiter.
"Nicht so laut, denk doch an Lucas", bettelte ich kaum hörbar. Voller Wut und Verachtung sah er mich an. Er hob die Hand und verpasste mir eine heftige Ohrfeige, die nächste folgte sofort mit seiner Rückhand. Brutal griff er mir in die Haare und

zerrte mich daran zum Tisch, beugte mich darüber, griff nach meiner Jogginghose und zerrte sie mit dem Slip nach unten. “Nein … bitte nicht … bitte …”, bettelte ich. Er hielt mir mit einer Hand den Mund zu, mit der anderen Hand führte er sein ekliges Ding in meinen Po ein. Brutal vergewaltigte er mich. Schreien wollte ich nicht, Lucas sollte nichts mitbekommen. Es ging aber leider nicht anders. Wie zerteilt fühlte ich mich, mein Po fühlte sich an, als ob er in zwei Teile gerissen würde. Die Schmerzen waren so entsetzlich, dass ich mir das Schreien nicht verkneifen konnte. Das konnte dieses Schwein mit seiner Hand vor meinem Mund nicht verhindern. Ich biss zu, dass er losließ. Als er nach einer gefühlten Ewigkeit endlich von mir abließ, konnte ich mich nicht auf den Beinen halten. Ich sank zu Boden. Er zog seine Hose hoch, kam mir mit seinem Gesicht ganz nah und drohte: “Und jetzt mach hier sauber du Schlampe, sonst knallt es richtig!” Dann war er weg.

Ich war zu nichts mehr in der Lage, starrte nur vor mich hin. Als ich nah bei mir Lucas’ Stimme vernahm, kam ich etwas zu mir. Mein Sohn weinte: “Warum schreit der denn immer so Mama? Was …? Was … hat …?”
“Pssst”, deutete ich mit dem Zeigefinger auf meinen Lippen an. Ich hatte solche Angst, dass dieses Schwein von Mann zurückkommt und noch seine Gewalt an dem Kind auslässt.
“Nein Mama, ich bin nicht still. Ich bin kein kleines Kind mehr. Du hast Nasenbluten und Blut an den Beinen. Ich bin nicht blöd, ich sehe und habe schon so oft gehört, was hier passiert und was er mit dir macht.” Lucas war wütend, er hatte seine Hände zu Fäusten geballt. Mein kleiner Großer! Mein

mutiger Sohn half mir beim Aufstehen, sodass ich mich wenigstens wieder anziehen konnte. Mein Kopf schmerzte, mein ganzer Unterleib brannte höllisch.
“Mama, du musst zum Arzt“, bettelte Lucas.
“Nein das geht nicht. Das ist so peinlich”, erwiderte ich schwach.
“Ich will hier weg, Mama. Denkst du wirklich, ich kriege das alles hier nicht mit?”
“Ich dachte, du hörst nur sein Schreien und siehst, wenn ihm mal die Hand ausrutscht“, flüsterte ich unter Tränen. Mit großen, tränengefüllten Augen sah mich mein Sohn an. Ganz leise sagte er: “Ich weiß, was er mit dir macht. Ganz oft habe ich mir die Ohren zugehalten und mich unter der Bettdecke verkrochen. Immer habe ich gehofft, dass es schnell vorbeigeht. Aber so war es nie. Stundenlang ging das. Einmal bin ich aufgestanden und habe euch gesehen. Ich habe gesehen, wie er dich gequält hat. Vor Angst schlich ich mich zurück in mein Zimmer. Ich hatte solche Angst, dass er mich hört.” Wir weinten beide jetzt wahre Tränenbäche.
Plötzlich stand er auf: “Ich sage ihm jetzt, dass du einen Arzt brauchst.”
“Nein Lucas … nicht …”, aber da war er schon weg. Ich bekam kaum noch etwas mit. Alles begann sich zu drehen, mein Kopf muss auf den Küchentisch gefallen sein, als ich kurz das Bewusstsein verlor. Als beide in die Küche kamen, zeigte Lucas auf mich: “Mama braucht einen Arzt, Papa.” Mein Mann kam langsam auf mich zu, griff mir unter das Kinn und zwang mich so, ihn anzusehen. “Die braucht keinen Arzt, sie soll sich nicht immer so anstellen und so ein Drama abziehen!“, sagte er

und ging.
“Es hat keinen Zweck!“, sagte ich zu meinem Kind.
Er schob mir einen Stuhl vor die Arbeitsplatte. Ich setzte mich unter Schmerzen darauf. Die Rouladen bereiteten wir zusammen zu. Den Rest schaffte ich irgendwie allein.

Einige Tage später hat er mich wieder so verprügelt, dass ich einmal gegen den Türrahmen und einmal an die Schrankecke in der Küche knallte. Es war ihm mittlerweile egal, wo er hinschlug oder was mit mir passierte. Dass ich arbeiten gehen musste, scherte ihn nicht die Bohne.
An diesem Tag ging bei mir nichts mehr. Ich konnte mich kaum bewegen. Mein Bewusstsein schwand immer mehr, ich kippte weg, kam wieder zu mir und kippte wieder weg. So ging das hin und her. Lucas rief den Notarzt. Ich konnte nichts dagegen sagen, konnte nicht mehr reagieren.
Der Arzt stellte mehrere Prellungen an beiden Armen und im Brustkorb sowie eine Gehirnerschütterung fest. Ich sollte mit ins Krankenhaus fahren und eine Traumaspirale durchführen lassen. Das ist eine Computertomografie des gesamten Körpers. “Nein … das … geht … nicht”, stotterte ich. Ich war so kraftlos und voller Schmerzen.
“Dass Sie unglücklich gefallen sind, glaube ich Ihnen nicht. Rufen Sie die Polizei und zeigen Sie Ihren Mann an! Dann wird er erst mal aus der Wohnung verwiesen.” Hoffnungsvoll sah mein Sohn mich an. Ich jedoch schüttelte langsam den Kopf, dabei wurde mir wieder so schwindelig, dass ich wieder kurz das Bewusstsein verlor. “Wie kann ein Mann nur so seine Frau verletzen und sie so zurichten?”, ließ sich der Arzt nicht

nehmen zu sagen. Er wollte mich weiter überreden, mit ins Krankenhaus zu gehen. Ich traute mich einfach nicht. Der verständnisvolle Arzt musste leider ohne mich fahren.

Kaum war der Arzt weg, stand auch schon mein Mann vor mir. Ich habe ihn gar nicht gehört.
"Na, fertig mit deinem Schauspiel?", lachte er.
"Papa, Mama ist verletzt und sie wird laufend ohnmächtig. Das kann man nicht spielen!", erwiderte mein mutiges Kind seinem Vater.
"Ach was, kurz ausruhen und dann ist sie wieder die alte oder Schatz?" Und was tat ich? Ich nickte. Wutentbrannt rannte Lucas hinaus. Ich konnte ihn so gut verstehen, wie enttäuscht war er von mir!!!
Mein ganzer Körper stand unter totaler Anspannung aus Angst vor diesem Monster. Als er endlich draußen war, verlor ich noch einmal kurz das Bewusstsein. Lucas kam zurück und blieb die ganze Zeit bei mir. Er half mir ins Bett. Mein Mann nahm meinen Zustand nicht wahr.
Am nächsten Tag konnte ich nicht zur Arbeit gehen. Zwei Wochen war ich krankgeschrieben. Beim Aufstehen musste ich ganz vorsichtig sein, jeder Knochen tat mir weh, mein Po schmerzte unendlich und schwindelig war mir auch immer noch. Auch ließen die Blutungen aus dem Po nicht nach, sodass ich nur mit Binden über den Tag kam. Ich schämte mich so sehr. Ganz langsam schleppte ich mich in die Küche, da saß der gnädige Herr auch schon am Tisch und forderte: "Mach Abendbrot und höre mit dem Getue und dem Drama auf!", schrie er mich an. Das war einfach zu viel für mich. Langsam

ging ich zu ihm und sagte, dass ich nicht länger mit ihm und seinem erniedrigenden, aggressiven Verhalten, den täglichen Beleidigungen und Misshandlungen und seiner Ignoranz leben kann. Ich sagte ihm klipp und klar, dass er seine Sachen nehmen und verschwinden soll.
Wo ich den Mut dazu hernahm, kann ich heute nicht mehr sagen. Ich denke, es war der Mut der Verzweiflung. Körperliche Schmerzen spürte ich in diesem Moment nicht. Ich funktionierte wie ein seelenloser Roboter. Leblos und starr, das war ich. Es war mir egal, ob er jetzt wieder auf mich einschlagen würde.

Eine Weile blieb er still. Damit hatte er garantiert nicht gerechnet. Seine kleine, fast leblose Puppe bäumte sich auf? Stellte sich gegen ihn? Erneut beschimpfte er mich und schlug dann vor: "Ich würde gehen, aber ich behalte den Wohnungsschlüssel, dass ich euch besuchen kommen kann, wenn ich das will."
So stellte er sich das also vor? Er wollte kommen und gehen, wie er wollte? Sollte ich noch seine Wäsche waschen und sein Essen kochen? Das konnte ihm so gefallen, dass ich weiter seine Sklavin spielte, was anderes war ich all die Jahre doch nicht für ihn.
Soll er den Wohnungsschlüssel haben, dann lasse ich das Schloss auswechseln und er kann damit nichts mehr anfangen. So willigte ich ein. Dann brach es aus ihm heraus: "Alles habe ich hier gemacht, alles renoviert und jetzt soll ich einfach gehen? Dann bist du mir aber eine schöne Stange Geld schuldig, mein Schatz!", triumphierte er.
"Ich bin dir nichts schuldig. Nimm dir mit, was du willst, aber

bitte geh! Von mir aus kannst du alles haben, ich möchte endlich einfach nur noch meine Ruhe und das möchte ich auch für unseren Sohn – einfach mal in Ruhe und ohne Angst leben. Mit uns geht es nicht mehr weiter. Ich halte das einfach nicht mehr aus.” Wieder die verdammten Tränen. Ich wollte doch nicht vor ihm weinen. Dieses eine Mal wollte ich stark vor ihm sein.
“Du flennst doch jetzt schon, du blöde Kuh.” Dachte der Kerl wirklich, ich würde wegen ihm weinen? Garantiert nicht.
Ich weinte um mich, um meine Schmerzen, um die ganzen Jahre seit meiner Kindheit bis jetzt und um mein einziges Kind.
“Ich schlafe noch einmal darüber”, sagte er entnervt und ging. Mein Sohn hatte hinter der Tür gestanden und kam sofort zu mir: “Mama, geht der jetzt wirklich?” Ich musste mit den Schultern zucken, denn ich hatte keine Antwort. Ich glaubte nicht, dass er so ohne Weiteres das Feld räumt. Ihm ging es doch super. Er hatte eine saubere Wohnung, immer frische Wäsche, tägliches frisch gekochtes Essen, seine abartigen, sexuellen Gelüste konnte er, wie er wollte, an mir ausleben und ein gut erzogenes Kind hatte er auch. Was wollte er mehr?
Als er zum Abendessen in die Küche kam, war er schon wieder betrunken. Ich hoffte inständig, dass er mich in Ruhe ließe. Die letzten Schläge und die Vergewaltigung waren noch nicht einmal 24 Stunden her. Er beließ es bei diesem Mal bei Beleidigungen, aber auch das reichte mittlerweile, dass ich zitterte und weinte.
“Papa, hör doch bitte auf!“, bettelte mein Sohn schluchzend.
“Sei still!” Bei seinen Worten sprang er vom Stuhl, sodass dieser direkt nach hinten umfiel und raste mit erhobener Hand auf Lucas zu. Ich realisierte es sofort und sprang trotz wahnsinni-

ger Schmerzen auf, stürzte mich auf diesen Kerl und versuchte, seinen Arm festzuhalten. Er schüttelte mich wie eine Fliege ab. Kein Wunder, er wog 110 kg und ich mittlerweile nur noch 46 kg. Lucas war aber auch nicht mehr das kleine, schwache Kind. Er war ein Teenager und trieb regelmäßig Sport. Er sah ihn mit zusammengekniffenen Augen an. Ich glaube, Lucas hätte in diesem Moment zurückgeschlagen, das muss auch mein Mann so empfunden haben. Dieses Monster schlug Lucas nicht, aber mir verpasste er einen Schlag am Kinn und einen Stoß, der mich zu Boden stürzen ließ. Lucas schrie nur noch: "Papa, hör auf …" Mit glasigen Augen sah das Scheusal plötzlich ins Leere und ging.
Lucas und ich blieben ängstlich, auf dem Boden kauernd, im Raum zurück. Wir hofften inständig, dass er in seiner Wut nicht noch einmal zurückkommt.

Da er mich seit Jahren auch dort schlug, wo ich es nicht verbergen konnte und auch keine Schminke half, blieb es keinem verborgen. Meine angeblichen Stürze glaubte mir niemand mehr. Wir gingen zwar fast nie aus, aber bei den wenigen Malen wurde ich oft gefragt, warum ich so schlecht aussehe, ich wäre nur noch ein Schatten meiner selbst.
Am deutlichsten war es auf Arbeit. Meine Kollegin sagte es mir eines Tages direkt: "Du musst den Kerl rausschmeißen!" Erschrocken und fragend sah ich sie an. Sie redete weiter auf mich ein: "Irgendwann passiert noch ein Unglück."
Sofort fing ich wieder an zu weinen. "Ich weiß doch nicht, was ich machen soll."
"Ihn rausschmeißen sollst du, wenn es nicht anders geht, dann

mithilfe der Polizei oder geh mit deinem Sohn ins Frauenhaus. Fürs Erste sollte das doch gehen. Wir alle hier wissen und sehen, was du mitmachst. Deine Stürze glaubt dir doch schon lange keiner mehr. So oft und ungeschickt, wie du, stürzt kein Mensch." Bei ihren Worten nahm sie mich in den Arm und ich weinte und weinte.

***

Was sollte ich machen, wenn er nicht ging? Wo sollte ich hin? Zu meinen Eltern? Nein, da konnte ich nicht hin. Meine schreckliche Kindheit saß immer noch ganz tief in mir und die Angst vor meinem Vater auch. Sie standen auch all die Jahre nicht einmal hinter mir. Sie haben mit Sicherheit gesehen, was los war und wie oft ich verletzt war. Aber das ging sie alles nichts an. Sie verwöhnten meinen Sohn, doch ich als ihre Tochter konnte sehen, wo ich bleibe.
Zu einer Freundin? Nein, das wollte ich nicht, ich wollte keinem auf die Nerven gehen.
Aber ich wusste, dass ich dieses Monster loswerden musste, auch um meines Sohnes willen.

Lieber Gott, dachte ich, mach bitte, dass er geht. Er hat uns die Hölle hier bereitet, ich habe alles ertragen, aber jetzt kann ich nicht mehr. Bitte, mach es wenigstens für mein armes Kind. An diesem Tag passierte nichts mehr. Ich kuschelte mich in Lucas' Bett und beide schliefen wir weinend ein.

Am nächsten Tag kam mein Mann von der Arbeit, ich war im-

mer schon vor ihm zu Hause und deckte den Kaffeetisch. Er setzte sich, aß ein Stück Kuchen, trank seinen Kaffee – alles absolut still. Lucas war noch bis abends bei einem Freund. Mein Mann stand nach dem Kaffee auf und ich hörte ihn die Treppe hochgehen. Sofort begann ich zu zittern, da ich annahm, dass er mich gleich zu sich rief und irgendeinen abartigen Sex von mir verlangte, oder was er sich sonst noch für Gemeinheiten und Demütigungen ausheckte. Nach ca. einer Stunde kam er mit zwei Koffern und einer Reisetasche herunter. Er sagte folgende Worte: “Ich bin dann mal weg, aber glaub ja nicht, dass ich aus deinem oder Lucas’ Leben verschwunden bin. Den Schlüssel behalte ich.”
‚Soll er ihn doch behalten’, dachte ich bei mir, ‚Hauptsache, er ist erst mal weg.’
Ein Küsschen auf meine Wange und weg war er. Einfach so! Da könnte ich jetzt auch wieder fragen – Zufall oder Schicksal? Er ging einfach so? Vielleicht war das ja wieder nur eines seiner fiesen Spielchen.
Mit zitternden Fingern wählte ich die Nummer eines Schlüsseldienstes und hatte Glück, noch am selben Nachmittag kam jemand und wechselte mir das Schloss aus. Mein Mann war weg. Mit seinem Schlüssel kam er nicht mehr herein. Ich konnte es kaum fassen. Als mein Sohn nach Hause kam, muss ich wie ein Kronleuchter gestrahlt haben. “Dein Papa ist weg”, triumphierte ich “und das Schloss habe ich auch gleich auswechseln lassen, denn er wollte unbedingt seinen Schlüssel behalten.”
Lucas lächelte mich vorsichtig an: “Echt? Kommt er nicht wieder? Nie wieder?”

“Nein, nie wieder.”
Wie zwei Ertrinkende lagen wir uns in den Armen und weinten. Alles ließen wir mit diesen Tränen aus uns fließen. Die ständige Angst, die Demütigungen, die Panik und die Schmerzen – alles lag in diesen Tränen. Mein armer tapferer Sohn musste so viel Schlimmes hören und sehen, es musste jetzt einfach besser werden. Ich wollte alles dafür tun.
Zur Feier des Tages gab ich Lucas Geld, wir wollten etwas vom China-Imbiss essen. Er holte das Gewünschte und wir aßen auf dem Sofa, was sonst nie erlaubt war. Wenn dieses Monster uns jetzt hier auf dem Sofa essen sehen würde, wäre der Teufel los. Aber wir genossen diese Freiheit und ich freute mich so für Lucas. Er aß mit großem Appetit und redete und redete dabei. Er erzählte mir von der Schule und von seinen Freunden. Es hörte sich alles so gut an, aber auch hier sollte ich noch richtig aufwachen. An Lucas ging diese jahrelange häusliche Gewalt nicht spurlos vorbei.

Nach dem Essen ging ich in die Wanne. Mir taten immer noch alle Knochen weh, Hämatome und Prellungen hatte ich auch noch überall. Immer wenn ich mich im Spiegel sah, weinte ich hemmungslos. Trotz allem war es jedoch so, als käme meine Lebenskraft wieder langsam zurück. Das ging natürlich nicht von jetzt auf gleich, aber an diesem Abend fühlte ich mich stärker als je zuvor. Ich wollte zeitig zu Bett gehen und die Ruhe genießen. Da habe ich aber die Rechnung ohne diesen Idioten gemacht.

Mich weckte ein fürchterlicher Knall und Glasklirren. Lucas

hatte es auch gehört und kam sofort angelaufen.
Mein Herz raste, mein Kreislauf fuhr vor Angst Achterbahn. Vorsichtig ging ich zum Fenster und da stand dieser Trottel und warf mit Steinen nach unserem Fenster. Als er mich entdeckte, brüllte er los: “Mach auf, du Dreckstück! Das ist meine Wohnung und du bist immer noch meine Frau! Mach sofort die Tür auf, sonst breche ich sie auf!” Wieder stand ich da und konnte mich nicht bewegen oder gar etwas sagen. Nichts ging mehr. Lucas schüttelte mich: “Mama, ruf die Polizei! Der dreht durch!”, schrie er mich in Panik an. Ich konnte einfach nicht. Mein Körper machte dicht. Ich wollte, aber ich konnte nicht. Ich stand zur Salzsäule erstarrt da. Gott sei Dank war mein Sohn geistesgegenwärtig und rief die Polizei. Die Beamten waren auch schnell da und nahmen meinen Mann mit. Auch bei der Vernehmung brachte ich fast kein Wort heraus. Lucas erzählte alles, auch was er mir schon seit so vielen Jahren angetan hatte. Ob es jetzt für die Beamten wichtig war oder nicht, aus meinem kleinen Großen Sohn sprudelte alles nur so heraus. Die zwei Beamten wirkten sehr betroffen. Sie verabschiedeten sich und baten mich, am nächsten Tag zur Dienststelle zu kommen, denn es müssten mehrere Anzeigen gegen meinen Mann gestellt werden. Ich nickte schwach.
“Du gehst da hin Mama, ne?”
Ich zuckte mit den Schultern.
“Doch Mama, du gehst da hin und dann gehst du noch zu einem Rechtsanwalt und lässt dich scheiden.”

Mein Sohn sah das alles sehr realistisch. Ja er hatte recht, ich musste jetzt etwas tun.

Ich fuhr am nächsten Tag zur Polizei und am Nachmittag hatte ich schon einen Termin bei einem Scheidungsanwalt. Dorthin begleitete mich mein Sohn, denn er hatte Angst, dass ich nicht alles erzählen würde oder konnte. Genauso war es dann auch. Ich konnte nicht alles erzählen. Ich sagte nur, dass ihm öfter mal die Hand ausgerutscht ist. Lucas erzählte alles, er redete von den Schlägen, den Vergewaltigungen – einfach von allem. Mir war das so schrecklich peinlich, aber es musste sein. Das habe ich verstanden. Mein Anwalt wollte auf eine Härtefallscheidung hinaus und damit war ich sofort einverstanden, je eher, desto besser.

Ein paar Tage später krakeelte mein Mann wieder sturzbesoffen vor unserem Fenster herum. Ich hatte sofort wieder diese unbeschreibliche Angst. "Mama, ruf die Polizei! Ich gehe raus zu dem Idioten!"
"Nein, Lucas … Schatz … nein, geh nicht hinaus …!", bettelte ich meinen Sohn an. Er hörte nicht auf mich. Wie gesagt, Lucas war kein Kind mehr und gegenüber seinem Vater voller Wut. Ich ging zum Fenster und sah vorsichtig hinaus. Lucas ging auf seinen Vater zu. "Was willst du noch von uns, hä?"
"Ich gehöre zu euch und will in die verdammte Wohnung zurück!", schrie er seinen Sohn an.
"Verschwinde!", schrie Lucas zurück.
"Du hast mir nicht zu sagen, was ich zu tun habe, du bist mein Sohn und nicht mein Vater!", blaffte mein Mann ihn an.
"Verschwinde!", schrie Lucas noch einmal.
Jetzt sah ich, wie mein Mann auf Lucas zuging und die Hand erhob. Lucas stand ganz still da und in dem Moment, als mein

Mann zuschlagen wollte, hielt Lucas seinen Arm fest. Das war der Schockmoment für meinen Mann. Er redete ganz ruhig: "Ist gut Lucas, ich will dich doch nicht schlagen …", redete er blöd herum.
"Aber ich dich", tobte Lucas wütend und ging auf seinen Vater los. Mit erhobener Hand schlug er immer wieder auf ihn ein. Mein Mann war so betrunken, dass er sich kaum wehren konnte. Als er zu Boden ging, trat mein Sohn immer wieder auf ihn ein. Jetzt erwachte ich endlich aus meiner Starre und rief die Polizei. Gleich darauf raste ich nach draußen, auf Lucas zu und versuchte, ihn von seinem Vater wegzuziehen. Am Anfang gelang es mir nicht, aber ich schrie immer wieder: "Lucas, hör auf! Du bringst ihn ja um! Das ist er nicht wert!" Immer wieder schrie ich meinen Sohn an, bis er innehielt, vor seinem Vater ausspuckte und wieder in die Wohnung ging. Die Beamten waren schnell da, ein Notarzt wurde gerufen. Zum Glück kam Lucas mit "Notwehr" davon, denn die Beamten glaubten uns aufgrund der Anzeigen gegen meinen Mann.

Noch zweimal kam mein Mann nachts vor unser Haus und krakeelte lautstark herum. Jedes Mal rief Lucas die Polizei, weil ich immer noch nicht dazu in der Lage war. Immer, wenn ich ihn sah, erstarrte ich zur Salzsäure vor Angst. Dann war Ruhe, er kam nicht mehr. Ich musste ihn nur noch einmal zur Scheidung sehen. Die war sehr kurz und schmerzlos. Ich bekam die Härtefallscheidung und mein Mann brüllte mich noch mal an: "Ich mache dich fertig, du Schlampe! Warum lügst du so, hä?" Er wollte auf mich zustürzen, die Beamten griffen sofort ein und hielten ihn fest.

Ich rannte aus dem Zimmer bis zur Straße. Mein Herz raste und ich zitterte. Lässt er uns jetzt in Ruhe oder fallen ihm noch mehr Gemeinheiten ein? Zum Glück kam er nicht mehr. Er durfte sich uns auch laut Gerichtsbescheid nicht mehr nähern. Vor dieser hohen Geldstrafe bei Nichtbeachtung dieser Verfügung hatte er scheinbar doch Angst.
Die letzten Minuten der Scheidung wurden ohne mich verhandelt. Es gab nichts Wichtiges mehr für mich, so konnte mein Anwalt alles regeln. Jeder Beteiligte verstand meine Angst vor diesem Scheusal.

Ich jedenfalls war ihn los und sehr glücklich darüber. Was mich jedoch wunderte, er hatte nur seine Sachen zum Anziehen mitgenommen, sonst nichts. Ich dachte, er würde noch auf irgendwelche Möbel bestehen, aber nichts. Das Schlafzimmer konnte ich sowieso nicht ertragen und kaufte mir ein Neues, aber auf Raten. Anders konnte ich mir das nicht leisten. Ein neues Sofa kaufte ich mir ebenfalls auf Raten, aber anders hätte ich es dort nicht ausgehalten. Viel zu viel erinnerte mich noch an ihn, aber im Bett und auf dem Sofa wollte ich liegen, ohne ihn zu riechen oder sonst irgendwas. Das ist mir ganz gut gelungen.

Jetzt war ich mit meinem Sohn allein, jetzt konnte das Leben beginnen.

Ich habe hier einige schlimme Taten meines Ex-Mannes aufgeführt. Selbst heute noch sind die Erinnerungen daran unendlich schmerzlich. Panikattacken und Angst verfolgen mich bis heu-

te.
Ich möchte mich jetzt jedoch auf mich und meinen Sohn konzentrieren, darum soll es hier gehen. Der Anfang des Buches sollte schildern, warum alles so schwierig ist für mich und warum ich mir für all das, was später geschah, die Schuld gebe, denn die habe ich definitiv – SCHULD!

Es gibt unendlich viele Frauen, die stark sind, die nach der ersten Gewalt ihres Partners die Notbremse ziehen und sich trennen. Das ist genau der richtige und gesunde Weg. Es gibt aber auch unzählig viele Frauen, die den Absprung nicht schaffen, die voller Angst sind, denen schon als Kind von klein auf Gewalt angetan wurde, die nichts anderes kannten und somit in der Spirale der Gewalt aushalten. Eine davon war ich und ich habe mich gegenüber meinem Sohn – meinem Ein und Alles – schuldig gemacht. Niemals werde ich mir das verzeihen können. Viel zu spät habe ich einen Schlussstrich unter meine gewalttägige Ehe gezogen.

Lucas und ich genossen es, in Ruhe und ohne Angst alles machen zu können, was wir wollten. Wir aßen, wenn uns danach war, im Wohnzimmer und sahen dabei fern. Auch schliefen wir an den Wochenenden aus, solange wir wollten. Das war alles bei meinem Ex-Mann verboten.

Wir mussten noch einmal vor Gericht erscheinen, um gegen ihn auszusagen. Lucas wurde in einem separaten Raum befragt. Für mich war das ein unbeschreiblich angstvoller und schwerer Gang. Bei meinem Sohn kam es mir vor, als wollte er alles

herausschreien, was sein Vater mir und indirekt auch ihm angetan hatte. Er wollte sich alles von der Seele reden.
Ich hatte nach wie vor unendliche Angst vor ihm, selbst jetzt noch, obwohl zwei Polizisten im Verhandlungssaal waren. Bei der Befragung stotterte ich schluchzend herum, es war so furchtbar. Ich fühlte seine Augen regelrecht auf meinem Körper brennen. Alles konnte ich jedoch nicht sagen, es war zu beschämend. Aber was Lucas und ich aussagten, reichte für eine Verurteilung. Die Hoffnung auf eine Strafe ohne Bewährung zerschlug sich jedoch. Ich hätte so lange nicht aushalten müssen und viel eher gehen und ihn anzeigen können. Das war die Begründung des Gerichtes. Wer dieses Leben von klein auf nicht mitgemacht hat wie ich, kann sich da auch schlecht einfühlen und ich finde auch, das kann ein Außenstehender nicht beurteilen. Welches Recht hat ein Mann, eine Frau so dermaßen zu misshandeln und sich in ihrer Angst zu sonnen? Und welcher Richter meint, es ist ganz einfach zu gehen? Es kann keiner. Wenn das so einfach wäre, würde keine Frau auf dieser Erde diese Gewalt aushalten müssen.
Ob er sich an die Bewährungsauflagen halten würde, bezweifelte ich, aber entgegen meinen Erwartungen ließ er uns in Ruhe.

So lebte ich mit meinem Sohn unser Leben und wir genossen unsere Ruhe. Es dauerte lange, bis ich nicht bei jedem Geräusch zusammenzuckte oder mit großer Angst und Herzrasen von Albträumen aufwachte. Diese hatte ich jede Nacht. Bis heute habe ich diese Albträume, zwar nicht mehr jede Nacht, aber oft. Ich muss Medikamente nehmen, dadurch ist es etwas erträglicher geworden. In meinen Träumen sucht mich entweder mein Vater heim und tut mir Fürchterliches an oder mein Ex-Mann.

Ich war geschieden und lebte – wie gesagt – in Ruhe mit meinem Sohn.

***

Nun begann ich auch endlich wieder, mich intensiver um seine schulischen Leistungen zu kümmern. Als ich seine Noten in jedem Fach kontrollierte, wurde mir ganz schlecht. Er hatte fast in jedem Fach schlechte Noten. Was war ich bloß für eine Mutter? Viel zu spät erkannte ich, dass mein geliebtes Kind so extrem in der Schule abgesackt war.
Als ich mit ihm darüber reden wollte, wurde er sofort ungehalten: "Scheiß Schule … ich habe heute noch was vor."
"Lucas, du sollst doch auch deinen Spaß haben. Aber die Schule ist nun mal wichtig und gerade jetzt!"
"Ich muss bis morgen eine Buchinterpretation schreiben. Habe gar keine Zeit, es zu lesen."
"Und jetzt? Dann hast du Pech und kannst nicht weggehen. Das machst du heute noch!", sagte ich streng.
"Ach Mama, das schaffe ich nie. Es sind Fragen zu beantworten. Du kannst doch so was so gut. Kannst du das nicht für mich machen?"
Wie immer gab ich nach und erledigte seine Deutscharbeit. Lucas las es sich am nächsten Morgen nur durch und ging zur Schule. Kein Danke und nichts kam von ihm. Eine glatte Eins

bekam er für diese Arbeit.
Als ich eines Tages von der Arbeit auf dem Weg nach Hause war, entschloss ich mich, Bewerbungsmappen für Lucas zu kaufen und am Nachmittag über seine Ausbildung, seine Wünsche und Träume für die Zukunft zu reden. Die Bewerbungen wollte ich heute noch mit ihm schreiben. Mein Sohn war jetzt meine oberste Priorität. Dieses Vorhaben gestaltete sich jedoch sehr schwierig. Lucas hatte absolut keine Lust dazu, aber die Zeit drängte. Ich beharrte darauf, dass wir uns in spätestens drei Tagen hinsetzen und alles erledigen. Plötzlich schrie er mich an: "Es geht doch um meine Ausbildung oder? Was geht dich das denn an, meine Fresse ey …"
"Gut, dann mach es allein und ich schaue sie mir in drei Tagen an", entgegnete ich ganz ruhig.
"Ey Mama, nee. Ich mache das schon irgendwann, aber dann, wann ich will und nicht, wie du das bestimmst", brüllte er wieder. Jetzt schrie auch ich: "Nein, heute, morgen oder übermorgen und nicht anders und Schluss jetzt!"
"Ich will heute noch zu meiner Freundin", erwiderte er patzig.
Ganz verdattert musste ich ihn angeschaut haben: "Du hast eine Freundin? Wer ist das? Kenne ich sie?"
"Nee, kennst du nicht", kam es wieder nur patzig von ihm.
"Ich möchte nicht, dass du zu irgendwelchen Mädchen gehst, die ich nicht kenne. Erzähl mir doch von ihr."
"Boah, Mama, wir sind schon drei Wochen zusammen, sie ist anständig."
"Trotzdem, ich möchte wissen, wer das ist, wie alt sie ist, was sie macht und bevor du keine Bewerbungen geschrieben hast, passiert gar nichts mit Freundin oder sonst was." Dieses Mal

wollte ich unbedingt stark und konsequent bleiben.
Mit einem Mal sprang Lucas zum Tisch, auf dem die Mappen lagen, griff sie und schleuderte alles in meine Richtung. “Nein, ich mache das nächste Woche und basta!”, blaffte er mich an.
“Nein!!!“, schrie ich ihn an. Wutentbrannt raste er an mir vorbei in sein Zimmer. Ich stand da mit wahnsinnig klopfendem Herzen und zitterte. Was war das gerade? Warum war er so patzig und schrie mich so an? Tränen rollten über mein Gesicht. Es waren doch nur ein paar Bewerbungen. Als ich mich etwas beruhigt hatte, ging ich zu ihm, klopfte an seine Tür, da schrie er auch schon: “Nein, du nervst.” Ich ging aber trotzdem hinein. “Lucas, ich möchte wissen, mit wem du zusammen bist, deine Bewerbungen schreibe ich nachher. Fünf Berufe o. k.? Ich weiß ja, welche. Aber am Wochenende möchte ich deine Freundin kennenlernen, ich möchte wissen, mit wem du unterwegs bist, sonst ist hier wirklich Schluss mit lustig. Schnauze mich nie wieder so an! Du fängst ja schon an wie Papa.” Bei diesen Worten weinte ich wieder.
“Ja, Mama, tut mir leid. Kann ich Jessica am Samstag mitbringen?” Seine Stimme war wieder ganz ruhig.
“Ja, zum Abendessen, wenn du magst.”
“O. k., Mama, danke, danke auch für die Bewerbungen.”
Also setzte ich mich an den PC und schrieb 20 Bewerbungen. Ich gab mal wieder nach. Die Hartnäckigkeit und Unbeherrschtheit meines Sohnes setzten mir immer wieder zu und befeuerten mein schlechtes Selbstwertgefühl. Ein glückliches Leben gab es für mich nicht. Ich meine es gut, will nur das Beste für mein Kind, aber es klappt nicht. Es läuft immer so, wie er es will und ich in meiner Kraftlosigkeit und seelischen

Zerschundenheit habe ihm kaum etwas entgegenzusetzen. Sobald Lucas anfängt zu schreien, kriecht bei mir die Panik hoch. Ich konnte und kann bis heute nichts dagegen tun. Er hat es ja auch leider nicht anders kennengelernt. Mein Mann setzte alles mit Geschrei und Gewalt durch und Lucas meint leider auch, dass es nur so geht.

Am folgenden Samstag kam er pünktlich mit seiner Freundin zum Abendessen. Mein erster Eindruck von ihr war sehr positiv. Jessica war jedoch schon drei Jahre älter als Lucas und studierte Betriebswirtschaft. Sie sah super aus, war schlank, hatte dunkles, langes Haar und einen offenen, freundlichen Blick. Einerseits freute ich mich für Lucas, andererseits hatte ich auch Angst. Er ist noch so jung. Warum ein älteres Mädchen? Diese Gedanken ließen mich den ganzen Abend nicht los. Trotz meiner hochkriechenden Angst wurde es ein schöner Abend. Bei der Verabschiedung lud mich Jessica ein, sie mit Lucas zu besuchen. Sie wohnte schon allein. "Was? Du wohnst schon allein? Das hätte ich nicht gedacht. Und du, Lucas, gehst bei ihr ein und aus?"
"Klar!", entgegnete er lachend.
"Macht mich bloß noch nicht zur Oma."
"Boah, Mama, du bist so peinlich. Komm, Schatz, wir gehen." Er wurde schon wieder wütend.
"Deine Mama hat das doch nicht böse gemeint. Beruhige dich, Schatz", Jessica blieb ganz ruhig und freundlich.
"Nein, ich will gehen", er ließ sich nicht beruhigen, zog sie mit sich zur Tür.
"Lucas, pünktlich um 22:00 Uhr bist du zu Hause."

“Das ist ja nur noch eine Stunde, Mama.”
“Ja, so ist es”, schaffte ich gerade noch zu sagen, als die Haustür schon ins Schloss fiel. Jessica schien zu handeln, so wie es Lucas verlangte.
Die Uhr schlich vorwärts, es war schon nach 23:00 Uhr, von Lucas keine Spur. An sein Handy ging er auch nicht. 00:30 Uhr kam er gut gelaunt nach Hause. Ich war schon im Bett, aber zum Schlafen bin ich nicht gekommen. Beruhigt war ich erst, als er da war. Ich hatte jetzt auch keine Nerven mehr, mit ihm zu diskutieren. Das wollte ich am nächsten Tag ansprechen. Ich brauchte es jedoch nicht. Lucas kam von der Schule, lernte ordentlich und war auch sonst wie ausgewechselt. In Mathematik hatte er jedoch sehr große Probleme. Jessica half ihm in allen Fächern, wo sie konnte, aber mit diesem Fach hatte er sich wirklich geschlagen. Ich engagierte einen Nachhilfelehrer und durch Lucas’ Fleiß und mit Jessicas Hilfe hatte er ein annehmbares Abschlusszeugnis. Aber für die Berufe, die er gern lernen würde, war es nicht gut genug. Er musste sich für etwas anderes entscheiden, somit erlernte er den Beruf Gas-, Wasser- und Heizungsinstallateur. Als die Ausbildung begann, war mein Sohn Feuer und Flamme.
Ich freute mich so sehr für ihn und ließ ihm viele Freiheiten. Hauptsache, er zog das durch und absolvierte einen guten Abschluss. Aber ich habe ihm leider zu viele Freiheiten gelassen, das sollte ich noch sehr schmerzlich erfahren.

Ein Jahr später kam ich vom Einkaufen und hörte Lucas schon bis in die Veranda verzweifelt toben. Ich stürmte ins Wohnzimmer zu ihm. Er bebte vor Wut. Liebeskummer war mein

Gedanke. Ich sollte mich böse irren.
“Mama …”, wütete er Minuten später, ”die haben mich fristlos rausgeschmissen.”
“Was? Warum denn?” Ich realisierte gar nicht richtig, was er da sagte. Mein Sohn zuckte nur mit den Schultern. Ich suchte die Telefonnummer seines Chefs heraus und rief dort an. Der Mann berichtete mir, dass Lucas sehr selten pünktlich zur Arbeit kam, dass er Anweisungen nicht nachkommt und wenn, dann sehr genervt und unkonzentriert ist. Aber das Schlimmste war, dass er Schmerztabletten aus dem Erste-Hilfe-Schrank im Gemeinschaftsraum gestohlen hatte. Es waren zwar nur zwei Stück, aber Diebstahl ist Diebstahl. Er hätte seinen Chef fragen können, dann hätte er bestimmt eine Tablette bekommen. Angeblich hatte Lucas starke Kopfschmerzen. Auf meine Frage, ob mein Sohn eventuell doch noch eine Chance bekommen könnte, wurde das rigoros verneint. Es gab keinerlei Basis mehr. Lucas muss lernen, sein Aufgetragenes gewissenhaft zu erledigen, Respekt an den Tag zu legen, sich zu konzentrieren und eben nicht zu stehlen. Mein Sohn weinte. Bis heute weiß ich nicht, wie dieser Tag zu Ende ging. Ich weiß nicht mehr, was ich noch alles gemacht habe an diesem Tag. Es war der totale Schock. Am nächsten Tag stellte ich ihn zur Rede: “Sag mal Lucas, denkst du, du kannst im Beruf genauso sein wie zu Hause? Alles läuft so, wie du das willst und wenn nicht, dann setzt du es mit Respektlosigkeit durch? Das geht doch so nicht. Die sind nicht so dumm wie ich und lassen dich schalten und walten, wie du willst. Es gibt genug junge Leute, die eine Ausbildung suchen, die Firmen warten doch nicht auf dich.” Ich war so aufgebracht und ratlos, dass ich immer mehr begann,

ihn anzuschreien. "Schluss jetzt, wir müssen etwas Neues finden. Vielleicht hast du Glück und kannst deine Ausbildung woanders zu Ende bringen." Ich zitterte vor Wut. Ganz kleinlaut war mein Sohn: "Ja, machen wir das gleich heute Nachmittag?"
Ich erwiderte nichts und ging zur Arbeit. Von dort rief ich alle möglichen Firmen an, die diese Ausbildung anboten und hatte Glück. Noch für denselben Nachmittag hatte ich mit Lucas einen Vorstellungstermin. Ich freute mich riesig und Lucas freute sich ebenfalls. Der Termin verlief super. Auf die Frage, warum er denn in seiner ersten Ausbildungsstelle nicht fertig lernen konnte, war er sehr ehrlich und erwiderte, dass er es nicht so ernst genommen hatte. Das will er jetzt aber ändern. Er ist sich der Ernsthaftigkeit bewusst und will später unbedingt in diesem Beruf arbeiten. Mein Herz rutschte förmlich in die Hose. Das hatte sich hier erledigt. Falsch gedacht! Die Ehrlichkeit meines Sohnes zahlte sich aus. Lucas konnte am nächsten Ersten sofort anfangen, jedoch bekam er hier nur die Hälfte der Vergütung der vorherigen Firma. Lucas musste sich erst beweisen, ob er es wirklich ernst meinte mit seiner Ausbildung. Ängstlich sah ich Lucas an, doch er stimmte dem auch zu. Lucas hatte eine offene und freundliche Art, damit wickelte er seinen neuen Chef gleich um den Finger. "Junge Menschen haben manchmal Anlaufschwierigkeiten", beruhigte mich dieser nette Mann, dem ich bis heute dankbar bin. "Wenn Lucas es wirklich ernst meint, dann bekommen wir das schon hin, oder Lucas?" Mein Sohn strahlte und ich mit ihm.

Jeden Morgen fuhr ich meinen Sohn zur Arbeit, sodass ich

wenigstens seine Pünktlichkeit garantieren konnte. Ich redete ihm ins Gewissen, sich zu konzentrieren, Respekt zu haben und nicht zu stehlen. Ich gab ihm den Rat, sich einen kleinen Block in die Tasche zu stecken und sich alles aufzuschreiben, Konzentrationsschwierigkeiten hatte er ja schon in der Schule. Er nahm den Rat an und machte seine Sache gut. Auch in der Theorie in der Berufsschule hatte er sehr gute Noten.

In der nächsten Woche, an einem Samstag, luden mich die beiden in Jessicas Wohnung ein. Ich erwartete nichts Besonderes, aber ich war positiv überrascht. Es war eine sehr kleine Wohnung keine modernen Möbel, aber supersauber und für Jugendliche schön dekoriert.
Lucas und Jessica blieben zusammen. Sie liebten sich wirklich, das spürte ich deutlich. Mein Sohn steuerte jetzt auf seine Volljährigkeit zu.

Meine Mutter lud mich zu sich ein. Sofort hatte ich Herzrasen. Meine Eltern besuchte ich schon immer mal mit Lucas und auch nur wegen ihm, aber jetzt wollten sie nur mich sprechen? Na gut, da musste ich wohl durch. Ich konnte nicht absagen, das hätte ich mich nie getraut. Immer noch hatte ich unbeschreibliche Angst vor meinen Eltern, am meisten jedoch vor meinem Vater. Ich trat wie immer mit einem sehr schlechten Gefühl und Herzrasen ein. Meine Gedanken waren dieses Mal nur: Immer noch die gleichen blöden Möbel, die ich nicht beschreiben möchte, denn sie sind Zeugen meiner schrecklichen Kindheit – alles ist so wie damals. Ich war ja nicht zum ersten

Mal hier, aber dieses Mal war etwas anders. Ich spürte einen ganz intensiven Ekel in mir aufkommen. Mein Vater rauchte ununterbrochen und sein Blick haftete auf mir. Es war so unangenehm. Wie ein kleines Mädchen fühlte ich mich, wie immer, wenn ich bei meinen Eltern war. Ich schaffte es gerade noch zur Toilette, wo ich mich heftig erbrach. “Hast du etwas Falsches gegessen?”, fragte meine Mutter ungerührt. Diese verdammte Heuchlerin! Sie weiß doch ganz genau, was mir immer und immer wieder passiert ist. Geholfen hat sie nie – nicht als ich ein Kind war und als ich von meinem Ex-Mann misshandelt wurde, auch nicht. “Warum sollte ich kommen?”, fragte ich schwach.

“Es geht um den 18. Geburtstag von unserem Sonnenschein”, begann sie. Ja, Lucas war der Sonnenschein meiner Eltern. Aber was war ich? Der Nachtschatten? Nie habe ich ein liebes Wort oder gar solche Äußerungen gehört. Ich war doch immer nur im Weg, lästig und das Lieblingsspielzeug meines Vaters. Mehr war ich nicht wert. “Hallo, hörst du mir überhaupt zu?” Meine Gedanken schweiften so weit ab, dass ich tatsächlich nicht zuhören konnte. Ernst sah ich meine Mutter an. Sie quasselte ungerührt weiter: “Wir möchten Lucas den Führerschein bezahlen und ihm ein kleines Auto kaufen. Du hast das Geld ja nicht.”

Da ich wusste, dass ich sowieso nichts zu sagen und zu entscheiden hatte, nickte ich nur schwach. Jedoch bat ich darum, erst einmal ein altes Auto zu kaufen, das reicht für einen Fahranfänger.

Von mir bekam Lucas einen Shoppingtag. Mehr war finanziell

bei mir leider nicht drin. Zweihundert Euro, mehr konnte ich nicht ausgeben. Lucas freute sich trotzdem sehr. Am Nachmittag kamen meine Eltern, Jessica und zwei Freunde. Mein Vater übergab seinem Enkel eine kleine Schachtel. Zum Vorschein kam ein Autoschlüssel. Lucas sah ihn freudig, aber auch fragend an. "Geh mal raus vor die Tür!", forderte sein Opa ihn lachend auf. Wir stolzierten alle wie im Gänsemarsch hinterher. Da stand ein knallroter Renault, Lucas war so geschockt vor Freude, dass er sich gar nicht auf den Beinen halten konnte. Er sank in die Knie und weinte. Den Führerschein hatte er in der Zwischenzeit schon bestanden. Diesen konnte er am nächsten Morgen abholen.
Mein Vater wollte aber gleich mit ihm ein Stück fahren. Zum Glück war mein Vater aber so vernünftig, dass er nach fünf Minuten wieder mit Lucas zurück war. Meine Mutter fuhr höchstpersönlich mit. Wenigstens haben sie auf mich gehört und ein altes Auto gekauft. Es sah noch gut aus, sodass es für den Anfang total reichte. Die Freude meines Sohnes steckte mich an und ich strahlte mit ihm um die Wette. Ein schöner Tag ging zu Ende, wenn man es schön mit meinen Eltern bezeichnen kann. Für Lucas freute ich mich, alles andere zählte nicht.

***

Mit Lucas' Ausbildungsstelle stand ich während der ganzen Lehrzeit in engem Kontakt. Ab dem zweiten Lehrjahr erfuhr ich, dass mein Sohn heftig gemobbt wurde. Mein armes Kind war total verzweifelt. Ich wollte hinfahren und mir diese Idio-

ten vorknöpfen, das wollte Lucas jedoch nicht. “Dann wird es doch nur noch schlimmer”, meinte er. Oh Gott, mein armes Kind, er tat mir so unendlich leid. Er hat doch schon genug Böses erleben müssen, warum jetzt auch noch so etwas? Zum Glück hatte er einen sehr guten Freund, der immer zu ihm hielt. Mit Jessica, seinen Freunden und meiner Hilfe hielt mein Sohn alles durch, das Ende der Ausbildung war abzusehen. Die ersten Abschlussprüfungen standen bevor. Alle Zwischenprüfungen hatte Lucas mit guten Noten bestanden. Deshalb machte ich mir auch keine Sorgen.
Ich hatte eine Woche Urlaub und freute mich auf einen ruhigen Montagmorgen. Als das Telefon klingelte, dachte ich, es wäre meine Mutter und hob genervt ab. Sie war es aber nicht, es war Lucas’ Ausbilder. Der gute Mann kam sofort zur Sache: “Ihr Sohn will die Ausbildung hinschmeißen. Darüber wollte ich Sie persönlich informieren. So kurz vor dem Ende, das wäre doch dumm und schade. Reden Sie doch bitte noch einmal mit ihm, ja?”
“Ja, das mache ich … aber … aber warum denn”, stotterte ich geschockt.
“Ich weiß es nicht”, entgegnete er bedauernd.
Am Nachmittag rief ich Lucas auf dem Handy an und beorderte ihn sofort nach Hause. Wider Erwarten kam er direkt. Ich war so geschockt und wütend, aber zu Wort kam ich erst mal gar nicht. Er polterte gleich los: “Vergiss es Mama, ich weiß, worum es geht. Ich mache die Ausbildung nicht weiter. Ich gehe nur noch mit Angst dorthin.” Da war meine Wut vorbei. Ich ging zu ihm, nahm ihn in den Arm, aber er stieß mich weg. “Lucas … Maus … wir schaffen das. Ich rede mit deinem

Chef. Jetzt so kurz vor dem Ende. Lass diesen Idioten doch diesen Triumph nicht, dass du ohne Abschluss dastehst." Lucas fing bitterlich an zu weinen. "Ich kann einfach nicht mehr, die schrecken vor gar nichts mehr zurück."
"Komm, wir fahren da hin und überlegen gemeinsam mit deinen Ausbildern, was wir tun können. Bitte", bettelte ich und er gab zum Glück nach und fuhr mit mir dorthin. Es wurde ein langes Gespräch, was Lucas sehr geholfen hat. Endlich sprach er offen das fürchterliche Mobbing an. Die Jungs bekamen eine Abmahnung und Lucas konnte seine letzten Wochen zu Ende bringen und bestand die Abschlussprüfungen. Ganz in Ruhe ließen sie ihn nicht, aber das ertrug mein Kind tapfer. Nach der Ausbildung sollte Lucas übernommen werden, aber das lehnte er strikt ab. "Nein, das kann ich nicht. Keinen Fuß setze ich hier mehr rein. Da habe ich viel zu große Angst." Ich verstand mein Kind so gut. So viel schlechte Erfahrungen durch Mobbing prägen einen Menschen ungemein. Obwohl Lucas groß und durchtrainiert war, hatte er ein sehr schwaches Selbstbewusstsein. Er schnauzte mich zwar viel an, aber bis dahin war er fremden Menschen gegenüber eigentlich etwas ängstlich. Das ist sehr ungewöhnlich für einen jungen, hübschen Mann, aber das hatte sein Vater aus ihm gemacht.

Die Zeit des Wehrdienstes rückte heran. Als Lucas den Bescheid zur Musterung bekam, war er verzweifelt. "Ich gehe nicht zum Bund. Nee, ich verweigere ..."
"Lucas, vielleicht tut dir das mal gut. Da lernst du Disziplin und wirst vielleicht erwachsener." Aber ich konnte reden, was ich wollte. Er blieb bei seinem kategorischen Nein. Mein Sohn

absolvierte den Zivildienst in einem Heim für behinderte Kinder und Jugendliche. Er war froh, als es vorbei war. Diese Arbeit machte ihm keinen Spaß. Ich sollte später noch erfahren, dass Arbeiten und Lucas nicht wirklich zusammenpassten.

Es dauerte auch nicht lange und Lucas hatte eine neue Stelle in seinem Beruf gefunden. Er bekam einen unbefristeten Arbeitsvertrag, wohnte jetzt jedoch überwiegend bei Jessica. Ich hatte jetzt nicht mehr so viel zu sagen, das machte er mir immer wieder deutlich. "Ich bin 18 und kein Kleinkind mehr. Ich hatte noch nie viel zu sagen bei ihm, dafür war ich viel zu inkonsequent. Jetzt jedoch dachte mein Kind, er ist der König der Welt. Mit seinem Gehalt, so dachte er, kann er sich alles erlauben. Manchmal kam ich sehr gut mit Lucas aus, manchmal jedoch ging es zwischen uns gar nicht. Er schrie mich an, wenn ich eine andere Meinung hatte als er oder ging einfach und warf die Tür hinter sich zu. Er rastete sehr schnell aus und wurde gemein und beleidigend mir gegenüber. So verging einige Zeit mehr schlecht als recht. Ich machte mir große Sorgen um mein Kind. Seine Unbeherrschtheit und sein sorgloses Umgehen mit Geld ließen mich psychisch kaum zur Ruhe kommen.
Lucas arbeitete seit ein paar Monaten in seiner Firma und es schien gut zu laufen.

In der Zwischenzeit verstarb mein Vater ganz plötzlich an einer Lungenembolie. Für meinen Sohn war das sehr hart. Er verkroch sich tagelang nach seinem Feierabend in seinem Zimmer. Ich weiß bis heute nicht, was er da gemacht hat. Irgendwie überstand ich mit ihm die Beisetzung. Lucas weinte wie ein kleines Kind. Er liebte seinen Opa und litt sehr darunter, dass er sich nicht von ihm verabschieden konnte. Es dauerte viele Wochen, bis er sich überhaupt nur ein Foto von ihm ansehen konnte. Noch länger dauerte es, bis er es akzeptierte, dass sein Opa nie wieder zurückkommen würde. Es war für Lucas einfach zu plötzlich geschehen. Er ist bis zu diesem Zeitpunkt noch nie mit dem Tod in Berührung gekommen. Es war eine harte Zeit für meinen Sohn. Er tat mir unendlich leid. Immer, wenn ich mit ihm reden wollte, blockte er ab. Er konnte es einfach nicht.

Zum Glück bekam er in seiner Trauer nicht mit, dass ich dem Tod meines Vaters gegenüber völlig gefühllos war. Da war keine Trauer. Nichts war da.

***

Wenn Lucas bei Jessica schlief oder unterwegs war, kam ich nie zur Ruhe, Ich konnte nicht schlafen und machte mir Gedanken. Riesige Angst hatte ich immer noch, dass er nicht gewissenhaft seiner Arbeit nachging. Wenn ich nachfragte, war er genervt und schnauzte mich an. Er mache das schon und das geht mich nichts an, waren seine blaffenden Worte. Ich soll mich einfach abends ins Bett legen und schlafen. Er verstand das Problem nicht. Das Thema seiner Arbeitsstelle nahm einen großen Stellenwert bei mir ein. Ich lobte ihn, bedauerte ihn bei Überstunden. Ein Ziel bestimmte mein Denken – er sollte seine

Arbeit und sein Leben gut gestalten, nicht so mit dem Geld um sich werfen, denn das hatte er nicht.
Auch hatte ich immer wahnsinnige Angst, wenn er mit dem Auto unterwegs war. Ich machte mir immer Gedanken, dass ihm etwas passieren könnte. Es war furchtbar und alles andere als gesund.

Eines Abends, als er zwei Stunden später nach Hause kam, als er es gesagt hatte, reichte es mir. Ich sagte ihm, dass er sich doch an die Zeit halten sollte, die er vorher gesagt hat. "Boah, Mama, ich bin 19 und keine 10 Jahre alt. Schlaf doch einfach!"
"Ich kann aber nicht schlafen, wenn du nachts mit dem Auto unterwegs bist. Es kann doch auch etwas passiert sein, wenn du nicht kommst, wie du es vorher sagst", entgegnete ich ruhig. Ich wünschte mir so sehr, dass er mich doch verstehen konnte. Tat er jedoch nicht. Ganz im Gegenteil. Ich hörte ihn noch in dieser Nacht in seinem Zimmer rumoren. Erschreckt stand ich auf, klopfte an, aber von ihm kam kein Ton. Also ging ich herein. Lucas war dabei, seine Reisetasche zu packen. Er nahm auch seine für ihn wichtigen Sachen, wie z. B. seinen Teddy, den er von klein auf bei sich im Bett hatte, sein Lieblingskissen und weitere kleine Sachen mit.
"Was machst du denn jetzt mitten in der Nacht?", wollte ich wissen.
"Siehst du doch, ich packe. Ich gehe. Das hält doch hier kein Mensch mehr aus. Ständig deine Nörgelei und ich soll doch nicht so spät kommen und bla, bla, bla. Ich ziehe zu Jessica!", blaffte er mich mal wieder an.
"Aber das geht doch nicht. Lucas … das kannst du doch nicht

machen, du bist doch noch viel zu jung. Du kommst doch jetzt schon nicht klar mit deinem Geld und mit deinem Leben. Du gehst zwar arbeiten, aber sonst besteht dein Leben doch nur aus Party und alles Möglichem. Du packst das noch nicht", versuchte ich, ihm ins Gewissen zu reden.
"Das wirst du schon sehen. Ich packe das!" Und schon rauschte er an mir vorbei, dann hörte ich auch schon sein Auto abfahren. Ich stand geschockt in seinem Zimmer und weinte. Einfach so ging mein Kind in sein eigenes Leben. Das hatte ich mir ganz anders vorgestellt. Diese plötzliche Leere war erdrückend. Ich starrte in sein Zimmer, starrte sinnlos die Gardinen vor dem Fenster an. Die Wucht dessen, was da gerade passiert ist, traf mich so unerwartet. War ich denn so schlimm, dass man vor mir flüchten musste? Ich mochte Jessica sehr, aber musste Lucas gleich zu ihr ziehen? Unvorstellbar! Ich hatte aber keine Handhabe dagegen. Lucas war 19 Jahr alt, da hatte ich vom Gesetz her nichts mehr zu sagen.

Gleich am nächsten Nachmittag klingelte es und Lucas stand weinend vor mir. "Mama, mein Auto ist kaputt. Ich wollte noch etwas von hier holen und bin an die Einfahrt gefahren." Er warf sich in meinen Arm und sein Weinen wurde immer mehr. Ja, manchmal war mein Sohn doch noch ein kleines Kind. Sanft nahm ich ihn in den Arm mit nach draußen und sah das Auto. Vor Schreck blieb mir die Sprache weg. Das schöne Auto war vorn völlig demoliert. Er ist mit voller Wucht total gegen die Ecke der Einfahrt gefahren. "Sag mal, Lucas, hast du nicht gelenkt? Du bist ja frontal draufgefahren." Aber er zuckte nur mit den Schultern. Ich beruhigte ihn, rief gleich die Versicherung an und ließ alles seinen Gang gehen. Das Auto konnte noch bis zur Werkstatt gefahren werden. Das erledigten wir gleich. Nun musste ich Lucas jeden Morgen zur Arbeit bringen und nachmittags wieder abholen. Zum Glück hatten wir ähnliche Arbeitszeiten. Mein Kind bekam dann ein repariertes und schickes Auto wieder. Bei der Gelegenheit bat er noch um Geld, aber ich konnte ihm nur einen kleinen Betrag geben. Sofort war er wieder genervt und pampte mich an, aber ich konnte es mir nicht aus den Rippen schneiden. Ich hatte nicht viel Geld zur Verfügung.

Drei Wochen später stand er wieder vor meiner Tür mit einem demolierten Auto. Er konnte noch nach Hause fahren, aber es war vorn wieder total demoliert. Frontal ist er auf Arbeit gegen Begrenzungsböller gefahren. Wieder das gleiche Spiel – Auto in die Werkstatt, Lucas zur Arbeit fahren und abholen, bis er wieder ein repariertes Auto von zu Hause abholen konnte.

Ja, ich habe ihm jeden Stein aus dem Weg geräumt. Er hätte sich selbst einmal um die Reparatur kümmern und alles mit der Versicherung klären müssen. Er musste sich keine Gedanken machen, ihm wurde alles auf dem Silbertablett serviert.

Trotz aller Bemühungen und Hilfestellungen, die ich ihm gab, brachte sich Lucas immer wieder in Schwierigkeiten.
Etwa ein halbes Jahr später stand er völlig aufgelöst bei uns vor der Tür: "Mama, ich habe mich total mit Jessica gestritten, sie ist abgehauen", schluchzte er.
"Komm erst mal rein", forderte ich ihn auf und zog ihn mit mir

ins Wohnzimmer. Lucas hatte Schwierigkeiten und ich war zur Stelle. Völlig verweint und immer noch schluchzend setzte er sich auf die Couch. Ich nahm ihn in den Arm und versuchte zu trösten. “So etwas passiert doch. Jeder streitet sich mal, Lucas. Sie kommt bestimmt wieder, dann redet ihr darüber und alles wird wieder gut. Aber erzähle mir doch bitte, was überhaupt passiert ist.” Was ich dann zu hören bekam, ließ mich fast erstarren. Es sprudelte nur so aus ihm heraus.

“Ich liebe Jessica wirklich, aber manchmal geht sie mir total auf die Nerven. Lucas, mach das. Lucas, mach das … mein Gott, sie ist doch nicht meine Mutter. Sie macht mich manchmal so wütend, dass ich … ich …” Ich sah ihn fest an und ahnte Böses: “Was, Lucas?”

“Na ja, dass mir auch mal die Hand ausrutscht.”

“Was? Lucas? Das ist nicht dein Ernst. Du schlägst Jessica?”

“Ja, manchmal, ich bin dann so wütend und weiß nicht, was ich dann mache.”

“Lucas, man weiß immer, was man macht. Wie kannst du nur …?”

“Ja, Mama, ich weiß doch. Heute war es aber besonders schlimm. Ich habe mich so aufgeregt, bin erst mal vor die Tür an die frische Luft gegangen und wollte mich beruhigen. Das habe ich auch gut hinbekommen. Als ich in die Wohnung zurückkam, fing sie gleich wieder an, Lucas hier und Lucas da, da bin ausgerastet, aber richtig. Sie rief immer nur, ich soll mich beruhigen. Das machte mich noch wütender. Ich habe sie verprügelt, aber richtig, Mama.” Lucas begann zu weinen: “Das wollte ich doch gar nicht. Ich liebe sie doch.”

“Da ist es verständlich, dass sie gegangen ist und das war auch

richtig so! Niemand muss sich schlagen lassen, auch nicht von dir. Du hast nicht das Recht, sie zu verprügeln. Wo ist sie denn jetzt?”
“Bei ihren Eltern, soviel ich weiß.”
Lucas schlug seine Freundin? Wo sollte das noch hinführen? Er verabscheute doch eigentlich Gewalt. Sollte ich mich so in meinem Kind getäuscht haben? Einerseits war er Jessica gegenüber gewalttätig geworden, andererseits weinte er wie ein kleines Kind.
Wir saßen lange so da, ich mein Kind im Arm haltend und er weinte und weinte. Irgendwann hatte er sich beruhigt, aber zu Hause wollte er nicht bleiben. Er wollte unbedingt in ihre Wohnung zurück und auf sie warten. Als sie jedoch bis abends nicht zurück war, setzte er sich ins Auto und fuhr zu ihren Eltern. Unbedingt wollte er mit ihr reden. Ihre Mutter redete beruhigend auf ihn ein, obwohl sie sehr wütend auf ihn sein musste. Immerhin hat er ihre Tochter geschlagen. Aber sie wollte, dass Lucas ruhig mit dem Auto fuhr und nicht noch einen Unfall verursachte und jemand verletzt wurde. Er soll ihr etwas Zeit geben und nach Hause zu mir fahren. Das wollte Lucas jedoch partout nicht. Wütend darüber, dass Jessica nicht vor die Tür kam, setzte er sich wieder in sein Auto und wollte in die Wohnung fahren. Er übersah jedoch auf der Straße ein stehendes Auto, welches eine Panne hatte, und raste ungebremst in dieses Auto. Beide Fahrzeuge hatten einen Totalschaden. Mein Sohn selbst hatte ein Schleudertrauma, aber ins Krankenhaus wollte er nicht. Ich funktionierte wie immer. Fuhr zur Unfallstelle, kümmerte mich um alles, stand ihm bei, als die Polizei kam. An diesem Tag fiel ich von einem Schock in

den nächsten. Jessica weg, Auto komplett zerstört, schlägt seine Freundin – was soll denn noch alles passieren? Das Schlimmste war auch, dass ich die Vollkaskoversicherung einen Monat vor dem Unfall gekündigt habe. So bekam er nichts mehr für dieses Auto. Aber das Allerschlimmste für mich war immer noch – er hatte seine Freundin geschlagen.

Am nächsten Tag wollte Jessica, dass Lucas ihre Wohnung verlässt, da sie nicht nach Hause kommt, solange er da ist. Schluchzend erzählte er mir das. "Dann komm erst mal nach Hause. Es hat doch jetzt keinen Zweck."
"Kannst du nicht mal mit ihr reden? Ich habe ihr doch schon gesagt, dass es mir leidtut."
"Ich? Was soll ich denn mit ihr reden? Das ist doch peinlich."
"Bitte, Mama", bettelte mein Kind.
Also rief ich sie an. In diesem Gespräch erfuhr ich von ihr, dass Lucas sie nicht zum ersten Mal so verprügelt hatte. Er hatte sie schon öfter geschlagen. Unzählige Male hatte sie ein blaues Auge, Rippenprellungen und Hämatome. Jetzt sei es genug, sie hält das nicht mehr aus und wollte es auch nicht mehr. Ich konnte sie so gut verstehen. Warum machte er das? Leider kannte er von zu Hause nicht anders. Bei uns war ja leider auch die Gewalt an der Tagesordnung. Aber warum machte er das denn nach? Lucas war doch genauso froh und erleichtert wie ich, als sein Vater endlich weg war und es keine Gewalt mehr gab. Ich war geschockt und erschüttert. In einer weiteren schlaflosen Nacht kam ich zu dem Entschluss, dass mein Sohn Hilfe brauchte. Er musste seine Aggressionen und seine Unbeherrschtheit in den Griff bekommen, nur so war es möglich, ein

vernünftiges Leben zu führen. Davon wollte Lucas jedoch absolut nichts wissen. Er braucht keine Hilfe, er will sich so schnell wie möglich eine eigene Wohnung suchen. Ich glaubte, mich verhört zu haben.
“Lucas, eine eigene Wohnung? Kaution, Miete – wie willst du das bezahlen?”
“Kannst du mir das leihen?”
“Nein, das kann und will ich auch nicht.”
“Na danke, Mama”, schnauzte er mich an.
“Nein Lucas, du kannst das noch nicht. Lass uns das doch alles Schritt für Schritt machen. Gehe deiner Arbeit weiter nach, spare dir etwas Geld und geh dann ins Leben raus. Alles mit Überlegung und Vernunft. Bitte!” Ich redete und redete auf ihn ein. Es war sinnlos.

Über die Trennung von Jessica kam Lucas nur schwer hinweg. Immer wieder bedrängte er sie, sich es doch noch einmal zu überlegen. Er liebte sie doch. Jessica blieb hart und sagte ihm ins Gesicht: ”Lucas, du hast meine Liebe zu dir kaputtgeschlagen. Ich will dich nicht mehr sehen.” Es traf ihn sehr hart, aber er musste es akzeptieren. Er hatte sich das selbst eingebrockt mit seiner Aggressivität. Seit der Trennung von Jessica ging es mit meinem Sohn bergab. Er hatte zu nichts mehr Lust.
Lucas ging arbeiten, ansonsten tat er nichts, außer Partys zu feiern und sich zu prügeln.
Oft kam er mit dem Taxi nach Hause, weil er getrunken hatte und ich hatte es artig zu bezahlen. Ich konnte reden, was ich wollte, es drang nicht zu ihm durch. Jede Nacht war schlaflos, ich konnte einfach nichts ändern.

Drei Monate später fand Lucas eine bezahlbare 1-1/2-Zimmer-Wohnung. Die Kaution gab ich ihm dann doch. Eine Küche war drin, Schrank, Bett, Sofa, Wohnzimmerschrank kaufte ich ihm auf Raten, anders war es mir nicht möglich. Er brauchte doch Möbel! Wieder lag ich jede Nacht schlaflos im Bett. Ich war so auf seine Arbeit fixiert, dass ich an gar nichts anderes denken konnte. Ich hoffte jeden Tag, dass er pünktlich zur Arbeit ging und sie diese auch gewissenhaft erledigte.
Auch machte ich mir riesige Sorgen um sein ganzes Verhalten. Mein Sohn musste voller Aggression stecken, die er nicht kompensieren konnte. Er war gewalttätig, trank gern Alkohol und war respektlos mir gegenüber. Auf der anderen Seite war er immer noch ein kleines, hilfloses Kind, das bei jedem kleinen Problem seine Mutter brauchte.

Während dieser Zeit lernte ich meinen jetzigen Mann kennen. Es war purer Zufall und ich wollte auch gar keinen neuen Partner an meiner Seite. Er ließ jedoch nicht locker, wickelte mich immer mehr mit seiner Liebe ein, dass ich irgendwann nicht mehr widerstehen konnte. Verständnis, Liebe, zuvorkommend, ehrlich – das waren Eigenschaften, die ich kaum kannte. Jedoch hatte ich eine Riesenangst, dass diese nur am Anfang unserer Beziehung zum Vorschein kamen, aber da irrte ich mich. Er war so und ist es bis heute. Als es wirklich ernst wurde, erzählte ich Lucas davon, er schnauzte mich jedoch gleich wieder an: "Boah, Mama, hast du noch nicht genug? Was ist, wenn der dich auch misshandelt?"

“Das wird er nicht.”
“Ach so? Bist du Hellseherin?”, lächelte er mich jetzt versöhnlicher an.
“Nein, das bin ich nicht, aber ich glaube, ich kenne ihn schon ganz gut. Er ist ehrlich und liebevoll. Was meinst du, du stellst mir deine neue Freundin vor und ich dir meinen? Ist blöd der Vorschlag, oder?”, lächelte ich unsicher.
“Nein, Mama, das machen wir.” Lucas hatte seit einigen Wochen eine neue Freundin.

Zwei Wochen später gingen wir zu viert essen. Lucas’ Freundin war wieder ein hübsches Mädchen, war sehr offen, und ich hatte das Gefühl, mit ihr kann er nach vorn schauen. Ihr Name war Saskia. Mein neuer Partner verstand sich mit Lucas auf Anhieb. Er schloss ihn sofort mit seiner liebevollen und offenen Art in sein Herz. Ich war so glücklich. Endlich schien es auch für uns etwas Positives zu geben.

Drei Monate vergingen und ob man es glauben will oder nicht, mein Partner zog schon bei mir ein. Wir wollten nicht warten, waren uns unserer Liebe vollkommen sicher. Ich hätte niemals gedacht, dass ich das tun und können würde. Klar, wir hatten auch Schwierigkeiten, denn meine Angst und meine Panik waren nach wie vor da. Sobald er nur etwas die Stimme hob, erstarrte ich schon. Das sah er sich ein Weilchen an, dann stellte er mich sanft zur Rede: “Schatz, was ist bloß passiert? Ich tue dir doch nichts. Das würde ich nie tun. Warum hast du solche Angst, nur wenn ich etwas lauter spreche?” Mit Tränen in den Augen sah ich ihn an.

“Diese Erklärung würde lange dauern, Schatz.”
“Das macht nichts, ich habe gerade nichts anderes vor”, lächelte er unsicher. “Ich möchte dich auch nicht drängen, aber wenn du reden willst, dann bin ich für dich da”, ließ er nicht locker.
“Du hast eine Erklärung verdient, Schatz. Ich rede mit dir heute Abend darüber, o. k.?”
“O. k., Schatz.”
Es wurde eine lange Nacht. Ich erzählte ihm alles. Nichts ließ ich aus. Angefangen mit meiner Kindheit bis hin zu den Misshandlungen meines Ex-Mannes. Auch über die Schwierigkeiten mit Lucas redete ich. Das konnte er nicht verstehen, denn Lucas machte auf ihn einen netten, freundlichen und offenen Eindruck. Ja, das war Lucas auch. Er war ein sehr hübscher, junger Mann, der wahrhaftig sehr freundlich aussah und es auch war und offen war er zu jedem Menschen. Leider war das oft nur der äußere Schein. Er konnte sehr, sehr lieb und freundlich sein, auf der anderen Seite konnte er auch ein Teufel sein, der völlig die Beherrschung verlor.

Mein Partner war geschockt von allem, was ich ihm erzählte. Er weinte mit mir. Ich war erleichtert, dass er jetzt so einiges besser verstehen konnte. Er stand und steht bis heute immer hinter mir, unterstützt mich, wo er nur kann. Das tat und tut so gut. Unser Zusammenleben war bestimmt von großer Liebe, gegenseitigem Respekt, Humor und blindem Vertrauen. Auch wenn es mit mir nicht so einfach war, denn Flashbacks, Panikattacken und Albträume holten mich nach wie vor immer wieder ein.

Als mir mein Schatz einen Heiratsantrag machte, nahm ich den glücklich an. Wir waren ein Jahr zusammen, als wir heirateten. Es war eine so wunderschöne Hochzeit. Ich hatte mein Traumkleid an, unsere Familien waren dabei. Es war im wahrsten Sinne des Wortes ein traumhafter Tag. Auch Lucas freute sich für mich und wünschte mir alles Glück der Welt. Mein Sohn und mein Mann verstanden sich prächtig. Das war auch der Tatsache geschuldet, dass mein Partner immer ruhig blieb. Egal, was passierte, er versuchte zumindest immer, in Ruhe eine Lösung zu finden. Lucas konnte ausrasten, wie er wollte, er ließ sich nicht darauf ein und blieb ruhig. Wenn es jedoch gar nicht ging und er völlig die Beherrschung verlor, wies er ihm die Tür. Ohne zu zögern, kamen solche Worte, wie: "Ohne Respekt vor deiner Mama, hast du hier nichts verloren. Wenn du wieder normal reden kannst, komm gern wieder." Lucas tobte dann zwar noch bis zu seinem Auto weiter, aber er ging. Ich war dann immer komplett fertig, zitterte und weinte, mein Mann tröstete mich dann und redete er mit mir, bis es mir etwas besser ging.

***

Lucas wohnte nun seit einiger Zeit allein. In der ersten Zeit konnte ich keine Nacht schlafen. Mein Gedankenkarussell nahm kein Ende. Ging er pünktlich zur Arbeit? Kam er mit seinem Geld aus? Hörte er endlich bald auf, ständig irgendwelche Partys zu feiern? Ich weiß, junge Leute feiern gern, geben Partys, aber an jedem Wochenende und jeden Freitag bis Sonntag durch und in der Woche auch noch? Sah ich das falsch?

Doch es lief besser als gedacht. Lucas kam regelmäßig zu uns nach Hause, seine neue Freundin war selbstverständlich immer dabei. Sie schien einen guten Einfluss auf ihn zu haben. Was jedoch noch alles auf mich bzw. uns zukommen sollte, hätte ich mir niemals vorstellen können.

Wie schon erwähnt, hatte ich jetzt ein glückliches und harmonisches Zuhause. Ich freute mich, nach Dienstschluss nach Hause zu fahren. Mein Mann hatte in dieser Woche drei Tage frei, so fuhr er mich morgens zur Arbeit und holte mich am Nachmittag wieder ab. Frohgelaunt ging ich an diesem Nachmittag zu unserem Auto. Mein Mann war jedoch nicht allein. Ich erkannte durch die Scheibe, dass Lucas mit im Auto saß. Böses ahnend stieg ich ein und traf auf meinen, vor Wut kochenden Sohn. Mein Mann schaute mich sehr ernst an.
"Lucas wurde fristlos entlassen", sagte er mir ohne Umschweife. Sofort begann mein Herz zu rasen. "Wie bitte? … Lucas?", sah ich ihn an. Zornig schaute mein Sohn in meine Richtung und nickte. Mein lieber Mann hatte schon mit Lucas und seinem Chef geredet, sodass mir das erspart blieb.
"Lucas war in der letzten Zeit kaum noch pünktlich, völlig übermüdet, sodass seine Gewissenhaftigkeit nicht mehr gewährleistet war … aber das Schlimmste … er hatte sehr oft in letzter Zeit eine Alkoholfahne, wenn er zur Arbeit kam." Ich war sprachlos. Das Einzige, was ich herausbekam, war: "Und jetzt?"
"Mama, ich finde etwas Neues. So lange bekomme ich ja Arbeitslosengeld", wollte er mich beruhigen. Aber meine Nerven lagen blank.

“Lucas, das ist nicht viel Geld. Außerdem bezweifle ich, dass du zum Arbeitsamt gehst. Du musst aber dahin, mein Kind. Die Miete bezahlt sich nicht von allein. Das kann ich dir auch nicht abnehmen.” Immer mehr Wut kroch in mir hoch. “Feiern, feiern, feiern, das ist doch nicht das Leben. Jedenfalls nicht nur. Wann wirst du denn endlich einmal wach, Kind? Mit Alkoholfahne zur Arbeit? Mann … Lucas.”
Mein Mann legte seine Hand auf meinen Arm: “Beruhige dich, Schatz, da muss er jetzt durch.” Ich erwiderte nichts. Wir fuhren Lucas in seine Wohnung, da wartete schon seine Freundin auf ihn. Aber geschockt über die Ereignisse war sie nicht. Das Einzige, was mein Sohn ihr versprechen musste, war, dass er zum Arbeitsamt gehen und sich einen neuen Job suchen würde. Das versprach er ihr und uns hoch und heilig. Wir fuhren nach Hause.

Je mehr Zeit verging, desto ichbezogener wurde mein Sohn. Party, Party, Party. Das zählte. Unangemeldet konnte man nicht zu ihm kommen. Überall standen leere Flaschen und volle Aschenbecher herum. Das Geschirr stapelte sich in der Spüle. Wenn er wusste, dass ich oder wir vorbeikommen, räumte er auf, aber sonst scheinbar nie. Es war eine einzige Katastrophe in dieser Wohnung. Warum? Ich weiß es nicht. Zu Hause bei uns war es immer sauber. Er half mir auch früher im Haushalt und musste sein Zimmer sauber halten. Warum er jetzt so unordentlich war, konnte ich mir nicht erklären. Ich bin auch nicht penibel, ein junger Mann hat eine andere Ordnung als eine Frau in meinem Alter damals, das sah ich auch ein, aber Lucas ließ seine Wohnung regelrecht verwahrlosen, wenn ich

nicht regelmäßig nach dem Rechten sah.
Es war nur einen Tag später, da klingelte nachts das Telefon. Noch völlig verschlafen ging ich ran und hörte Lucas' verzweifelte Stimme. "Mama ... ich bin im Krankenhaus. Kannst du mich abholen?" Es war nachts gegen halb drei. Ich musste früh aufstehen, aber das interessierte mein Kind nicht. Es interessierte nur, was Lucas gerade wollte oder brauchte. Für meine Gefühle oder Bedürfnisse war da kein Platz. "Aber warum? Bleib doch noch bis morgens da."
"Nein Mama, ich muss hier weg, ich halte das nicht aus. Bitte komm", bettelte er.
"O. k., ich komme."
Mein Mann wurde wach und beschwor mich, nicht zu fahren. Er sollte dort bleiben und am nächsten Morgen selbst gehen. Ich konnte nicht anders als losfahren und Lucas aus dem Krankenhaus zu holen. Auch hoffte ich, Glück zu haben, auf einen Arzt zu treffen, auch wenn es nachts war. Ich hatte Glück. Noch bevor ich zu Lucas ging, nahm sich ein Arzt meiner an. Ich erfuhr, dass jemand den Notarzt gerufen hat, weil Lucas bewusstlos auf dem Fußweg lag. Er hatte einen Alkoholspiegel von 1,6 Promille und das Drogenscreening war auch positiv. Es war nicht beängstigend, vielleicht nur ein Joint, versuchte der Arzt mich zu beruhigen. Aber der Promillegehalt war schon bedenklich. Ich bewahrte Haltung, verabschiedete mich dankend und ging zu Lucas. Er musste noch unterschreiben, dass er auf eigene Verantwortung das Krankenhaus verlässt und dann konnten wir gehen. In seiner Wohnung angekommen, lag seine Freundin im Bett und schlief. Sofort ging Lucas auf sie los: "Du pennst hier? Ich war im Krankenhaus, du blöde Kuh.

Warum hast du mich nicht mal angerufen, wenn ich nicht nach Hause komme? Bin ich dir so egal? Musste ich meine Mutter anrufen, ganz toll."
Völlig verschlafen und verdattert stotterte sie: "Aber wieso … verstehe ich nicht … du warst doch bei deinem Kumpel. Ich dachte, du schläfst dort, wenn du nicht kommst. Warum denn Krankenhaus?"
"Erzähle ich dir morgen. Ich habe jetzt keinen Bock mehr. Mama, du kannst dann auch gehen! Danke noch mal".
"Lucas …", wollte ich besorgt mit ihm reden.
"Ich bin müde, geh jetzt!" Lucas war ja noch betrunken, so schnell baut sich Alkohol nicht ab, und er hatte einen ordentlichen Promillegehalt im Blut. Es war die Hölle für mich. Fing er jetzt auch noch an zu trinken?
Ganz böse Bilder kamen in mir hoch. Nein, bitte nicht! Hoffentlich schlug er seine Freundin jetzt nicht auch noch. Was sollte ich tun? Ich hatte doch keine Wahl, also ging ich und kam völlig aufgewühlt zu Hause an. Mein Mann war wach. Es tat ihm leid, dass er mich nicht gefahren hat und er machte sich große Sorgen um mich. Ich beruhigte ihn. Als ich erzählte, was mit Lucas passiert ist, war er genauso geschockt wie ich. Beide waren wir sprachlos. Ich wusste nicht mehr, wie es mit meinem Kind weitergehen sollte.

Keine Woche verging, da rief sein Vermieter bei uns an. Ich war nämlich so blöd und bürgte für seine Wohnung. Er erzählte mir wütend, dass Lucas mit zwei Monatsmieten im Rückstand lag und er beschwerte sich lautstark, dass immer laut gefeiert wird, im Garten bis in die Nacht laut gejohlt und auch in den

Garten – Entschuldigung, aber so sagte er – gepinkelt wird. Die Rede war von ca. 6 Personen und das Ganze vollzog sich jeden Abend und jede Nacht. Ich versprach ihm, die Miete am nächsten Tag persönlich zu überweisen und mit Lucas zu reden.
“Ja, tun Sie das. Ansonsten muss ich ihm die Wohnung kündigen. Die anderen Mieter kommen ja gar nicht mehr zur Ruhe.”
820,00 Euro überwies ich am nächsten Tag an den Vermieter. Das war sehr viel Geld für uns, wie bestimmt für jeden Normalverdiener. Auf mein Drängen, sofort zu uns zu kommen, reagierte Lucas völlig ruhig und kam. Das wunderte mich, denn mit mir über Probleme zu reden, war nicht gerade seine Lieblingsbeschäftigung. Aber es stellte sich schnell heraus, dass er wusste, worum es ging. Er war lieb und nett und versprach mir das Blaue vom Himmel.
“Dass du beim Arbeitsamt warst, davon gehe ich mal aus”, warf mein Mann ein. Daran hatte ich noch gar nicht gedacht, ihn das zu fragen, denn auch ich ging davon aus. Schuldbewusst lächelte er erst mich, dann meinen Mann an: “Noch nicht.”
Ich glaubte, nicht richtig zu hören, wiederholte seine Worte: “Noch nicht?? Seit Wochen? Wie lange willst du denn noch warten? Meinst du, das erledigt sich von allein? Du hast wirklich nur Feiern im Kopf.”
“Ooooh Mama, jetzt mach doch nicht gleich so ein Theater. Ich mache das schon.”
“Ja und so lange darf ich deine Miete bezahlen, ja?”, entgegnete ich verzweifelt.
“Nein, ich mache das schon”, sagte er etwas schuldbewusst.
“Wie denn, ohne Geld?”

“Ich kriege das hin, Mama.”
Ich glaubte das alles nicht. Er dachte wirklich immer wieder, alles erledigt sich irgendwie von allein. Wenn er doch bloß einen Bruchteil der Energie, die er mobilisierte, um seine Vergnügungssucht zu stillen, in seine Zukunft stecken würde, hätten wir und er keine Probleme. In unzähligen Gesprächen versuchten mein Mann und ich, seinen Charakter noch etwas zu formen. Aber wir kamen gar nicht an ihn heran. Er lebte sein Leben, während wir versuchten, die Probleme, die er produzierte, zu lösen. Wir waren nichts weiter als zwei kleine Rädchen in einer großen Uhr, die Lucas nach Belieben in Bewegung setzte.

Mein Mann und ich saßen vor dem Fernseher, ich hatte Kerzen brennen, wir tranken ein Glas Wein – ein ganz gemütlicher Abend sollte es werden. Ich war so glücklich mit meinem Mann. Die Ruhe zu Hause genoss ich total. Wenn nur die Sorgen um Lucas nicht wären. In den letzten Tagen war jedoch nichts Außergewöhnliches passiert, sodass ich sogar etwas entspannen konnte. Da klingelte es an der Tür. Als ich Saskia sah, war ich total erschrocken. Sie weinte und zitterte. Ich nahm sie in den Arm und nahm sie mit hinein. “Was ist denn passiert Saskia? Warum weinst du so?” Sie sah mich unter Tränen an, da erkannte ich ihr blaues Auge. “Nein! Das war nicht Lucas”, rief ich erschrocken.
“Doch, Anna, das war er. Ich weiß nicht mehr weiter. Egal, was ich mache, was ich sage, er flippt jedes Mal aus. Ich wollte fragen … ob …”, stotterte sie.
“Ob ihr mal mit ihm reden könnt? Vielleicht würde er ein An-

tiaggressionstraining besuchen?"
"Klar reden wir mit ihm. Magst erst einmal zu deinen Eltern gehen?"
"Nein, ich … wollte … ich."
"Magst heute Nacht hierbleiben?" Ich spürte, dass sie sich nicht traute zu fragen.
Saskia nickte, ich brachte sie in Lucas' Zimmer. Am nächsten Morgen war sie immer noch total verheult. Als wir frühstückten, kam auch schon Lucas. Er stürzte auf Saskia zu: "Hier bist du! Ich habe dich bei deinen Eltern gesucht!", pflaumte er sie an. Mein Mann sagte zu ihm: "Einen anderen Ton bitte. Schau dir deine Freundin mal an! Was denkst du dir denn?"
"Boah, macht doch nicht gleich wieder aus einer Mücke einen Elefanten!", blaffte mein Sohn ihn sofort an.
"Du schlägst deine Freundin, Lucas?"
"Das geht euch nichts an. Saskia, du musst nicht gleich zu meinen Eltern rennen, verdammt!" Er kochte vor Wut.
"Lucas, ich habe Angst vor dir. Was hätte ich denn machen sollen?"
"Mach mich nicht immer so wütend …"
"STOP!!", rief ich jetzt. "Stop, Lucas, du hast deine Freundin nicht zu schlagen, verstanden? Möchtest du wie dein Vater werden? Lucas, du weißt, was so eine Gewalt mit Menschen macht. Such dir Hilfe, geh in ein Antiaggressionstraining! Das ist doch nicht normal, wie du dich verhältst!"
Saskia weinte immer noch und unter Tränen sah sie meinen Sohn an und sagte: "Du weißt, dass ich zu meinen Eltern nicht kann." Lucas beruhigte sich langsam. Er ging auf sie zu, vor Angst wich sie sofort zurück. "Komm Schatz, entschuldige, ich

schlage dich nie wieder!"
Zu gern glaubte Saskia ihrem Freund und ließ sich von ihm in den Arm nehmen. Er streichelte sie über den Kopf, küsste ihr die Tränen weg, bis sie sich beruhigt hatte. Sie liebte meinen Sohn unendlich doll und wollte ihm nur zu gern glauben.

Sechs Wochen später hatte es mein Sohn geschafft, sich beim Arbeitsamt zu melden. Wir hatten jedoch sehr unangenehme Post von seinem Vermieter im Briefkasten. Wieder hatte er seine Miete nicht bezahlt und der Krach in seiner Wohnung und im Garten wurden immer schlimmer. Ihm wurde die Wohnung gekündigt. Klar, woher sollte er auch das Geld für die Miete nehmen? Es interessierte ihn einfach nicht. Lucas bekam den gleichen Brief und rief mich sofort an: "Mama, reg dich nicht auf! Ich möchte sowieso eine neue Wohnung und mit meiner Freundin zusammenziehen."
"Und deine Mietschulden? Darf ich die wieder bezahlen?"
"Nein, meine Freundin hilft mir."
"Lucas, darum geht es doch gar nicht. Du willst allein leben, dann musst du auch regelmäßig Miete bezahlen und benehmen solltest du dich auch endlich mal können. Wann verstehst du das? Du bist doch kein Kleinkind mehr. Dann benimm dich auch einmal erwachsen!"
"Bla, bla, bla", äffte er und legte auf. Mich sollte sein Verhalten einfach nicht mehr schocken, tat es jedoch immer wieder. Ich konnte es einfach nicht verstehen, dass man so sorglos mit seinem Leben umgeht. Mein Mann redete mir oft ins Gewissen. Ich sollte Lucas einfach einmal "auflaufen" lassen, nicht

immer nur Lösungen suchen, einen Haufen Geld für ihn bezahlen, kurz gesagt, er sollte einfach zusehen, woher er das Geld für Mietschulden und weiteren Mietzahlungen nimmt. Das tat ich dann auch. Ich gab ihm kein Geld mehr. Da kam mein Sohn auf die brillante Idee, sich von allen möglichen Bekannten und Freunden Geld zu leihen. Mein Sohn war sehr beliebt und jeder gab ihm etwas Geld mit dem Gedanken, das Geld natürlich zurückzubekommen. Natürlich sah niemand sein Geld wieder. Lucas hatte einfach keins.

***

Lucas und Saskia fanden relativ schnell eine Wohnung und zogen zusammen. Am Morgen der Übergabe seiner alten Wohnung wollten wir uns mit ihm und seinem Vermieter in seiner Wohnung treffen. Eine halbe Stunde zu spät traf er völlig verkatert mit seiner Freundin ein. In dieser Zeit hatte uns der Vermieter die Schäden schon gezeigt und um Beseitigung gebeten. Mein Mann hatte zum Glück goldene Hände und ruckzuck war das erledigt. Ich putzte die Wohnung noch einmal durch. Das hatte Lucas immerhin schon vorher geschafft, alles war leergeräumt, die Fenster und das Bad sowie die Böden waren geputzt. Ich wischte jedoch noch einmal durch, nachdem mein Mann mit einigen Reparaturen fertig war. Mein Sohn stand nur völlig teilnahmslos daneben, als ginge die Abwicklung seiner Wohnung ihn gar nichts an, sondern war das Problem von mir und meinem Mann.
Als alles erledigt war, fragte er mich, ob sie mit zu uns zum Mittagessen kommen könnten. Ich sagte zu, danach wollten sie

weiter mit meinem Mann ihren Umzug erledigen.
Wir fuhren zu uns nach Hause, ich machte das Essen und was taten Lucas und seine Freundin? Sie alberten in unserem Ehebett herum. Ich ging davon aus, dass sie in seinem Zimmer wären, aber dem war leider nicht so. Jetzt hatten sie es geschafft, meinen Mann auf die Palme zu bringen. Da gehörte schon einiges dazu. Er war immer so schön ruhig und besonnen, aber damit war es jetzt gerade vorbei. Er raste hoch in unser Schlafzimmer, riss die Tür auf und schrie: "Raus hier! Aber sofort! Schämt ihr euch nicht? Habt ihr keinen Respekt vor unserer Intimsphäre? Das ist unser Schlafzimmer!"
"Was willst du denn jetzt? Hast du hier etwas zu sagen?", ätzte mein Sohn gegen meinen Mann. Er benahm sich wie ein zwölfjähriger Teenager.
"Ja, habe ich, junger Mann! Raus aus dem Schlafzimmer! Sofort!"
Widerstrebend standen sie auf und kamen in die Küche zum Essen. Schweigend aßen wir. Nach dem Essen fuhren die drei wieder in die neue Wohnung. Ich überlegte mir, am Nachmittag Kaffee, Kuchen und Schnittchen für ihn und seine Helfer hinzubringen. Beschwingt bereitete ich alles vor. Ich ging davon aus, dass Lucas sich darüber freuen würde, da er sich dann selbst keine Gedanken um das Essen machen musste. Als ich ankam, öffnete mein Mann mir die Tür. Beim Eintreten erfreute ich mich an dem, was ich sah. Es war eine sehr schöne Wohnung, alle Helfer waren fleißig, bauten Möbel zusammen, packten Kisten aus und taten all das, was so ein Umzug mit sich brachte. Ich packte das Essen und den Kaffee aus und rief fröhlich: "Essen kommen." Alle waren sehr nett und bedankten

sich bei mir, außer mein Sohn. "Mama, danke für das Essen. Aber du kannst jetzt wieder gehen!" Bitte? Ich meinte es gut und er warf mich hinaus? Hatte ich das nur falsch verstanden? Seine Freundin sah mir meine Verblüffung an. "Schatz, lass doch deine Mutter noch mit uns essen. Sie hat sich so viel Mühe gegeben.".

"Ja, ist ja gut", erwiderte er genervt.

Ich wollte aber nicht mehr dort bleiben. Das war zu viel. Dankbarkeit, nur ein bisschen, kannte mein Kind nicht. Er nahm alles von mir, was er bekommen konnte. Das Wort "Danke" war ein leeres Wort bei ihm. Er nahm alles und gab nichts. Ichbezogen wie immer. Mein Mann legte seinen Akkuschrauber auf den Boden mit den Worten: "O. k., ich fahre dann gleich mit deiner Mutter mit." Verständnislos sahen Lucas und seine Freundin ihn an. "Du? Warum willst du denn schon fahren? Wir brauchen dich doch noch."

"Wer so respektlos zu seiner Mutter ist, die es gut meint und Essen und Kaffee bringt, der braucht mich nicht. Oder Lucas, hast du dich ums Essen gekümmert?"

"Ja, ich wollte Burger holen."

"Ach ja? Herr Graf badet ja im Geld", erwiderte mein Mann scharf. Jetzt versuchte ich, meinen Mann zu beruhigen: "Schatz, mach den Rest mit fertig. Tu es für mich, sonst schaffen sie es doch nicht. Bitte Schatz", bettelte ich. "Na gut, aber nur dir zuliebe", gab er nach. Er war eben ein richtiger Goldschatz. Ich wollte nur noch nach Hause. Raus aus dieser Wohnung und weg von meinem Sohn. Fassen konnte ich es nicht. Warum war er so zu mir? Ich tat doch alles für ihn, was ich konnte. Immer mehr machte ich mir bewusst, dass er die Respektlosigkeit meines Ex-Mannes mir gegenüber übernommen hat. Deshalb verzieh ich alles und half ihm, wo ich konnte, auch wenn es mich krank machte. Ich schlief nicht mehr, aß wieder schlecht und bestand nur noch aus Sorgen. Meine Panikattacken nahmen wieder zu und mein Herz raste eigentlich immer. Ständig diese Sorgen und dieser Kummer. Natürlich färbte das auch auf meine Ehe ab. Mein Mann hatte es nicht leicht mit mir, denn es gab ja nur noch Lucas' Sorgen und Geldprobleme. Ich konnte jedoch nicht anders, als ihm immer wieder zu helfen. Er hatte in seiner Kindheit kein schönes, liebevolles Zuhause, also war ich ihm doch jetzt schuldig, ihm zu helfen, wo ich konnte oder? Ich wusste keinen Ausweg mehr, wartete förmlich auf das nächste Problem, auf das nächste Chaos oder auf die nächste Hiobsbotschaft. Egal, wie man es ausdrücken mag, es war einfach nur noch eine Katastrophe. Diese Respektlosigkeit setzte mir auch sehr zu. Mein Mann beschwor mich immer wieder, ihn einfach mal ins Leere rennen zu lassen, immer und immer wieder sagte er mir das, aber ich konnte es einfach nicht. Es war wie bei einem Alkoholiker, dem man immer wieder Alkohol gibt und dann sagt, jetzt müsse er aufhören zu trinken. Das bringt auch nichts und genauso war die Situation bei uns. Jedes Problem wurde von uns gelöst, Lucas bedankte sich mit diesem leeren "Danke" und lebte aber trotzdem unbekümmert weiter.

Er war und ist ein so hübscher und fröhlicher junger Mann. Ich fand es so schlimm und so schade, dass er seine Aggressionen, seine Unbeherrschtheit und seine Unvernunft nicht in den Griff bekam. Ihm und uns hätte so viel erspart bleiben können. Ich fühlte mich ausgebrannt, ausgenutzt und ständig auf Abruf stehend. Dies kostete eine immense psychische Kraft, und die hatte ich eigentlich nicht, trotzdem stand ich meinem Sohn in allem zur Seite, unterstützte, wo ich nur konnte. Ohne die Hilfe meines Mannes wäre ich, glaube ich, schon lange zusammengebrochen.

Einige Wochen später wollte ich, müde von der Arbeit, nach Hause fahren. Ich freute mich auf einen ruhigen Feierabend mit meinem Mann. Plötzlich klingelte mein Handy, mein Sohn rief an. Schon bevor ich das Gespräch annahm, begann mein Herz zu rasen, meine Hände zitterten. Ich befand mich wieder sofort in Alarmbereitschaft. Deshalb fragte ich gleich ohne Umschweife: "Was ist passiert?" Meine Stimme zitterte und war ganz schwach. "Gar nichts, Mama. Ich wollte dir sagen, dass ich einen Job habe, einen richtig guten. Da verdiene ich sogar mehr als vorher. Ein halbes Jahr Probezeit und danach erhalte ich einen unbefristeten Arbeitsvertrag", glücklich flötete er ins Telefon.
"Ehrlich? Oh Lucas, das freut mich so sehr. Herzlichen Glückwunsch, mein Sohn. Das ist ja wie ein vorgezogenes Weihnachtsgeschenk. Ist ja bald so weit." Tränen der Erleichterung liefen über mein Gesicht.
"Bitte Lucas, nimm es dieses Mal ernst, sei pünktlich und schlaf genug. Schraube deine Partys zurück!"
"Ja Mama, mache ich. Meine Freundin hat auch einen neuen Job. Da wir zusammen wohnen, geht das Partymachen nicht mehr so und ich möchte das auch nicht mehr. Jetzt müssen wir erst mal beide unsere Probezeit überstehen. Ach ja und noch etwas, Mama, bis Weihnachten dauert es noch etwas", lachte

er.
"Die Zeit vergeht so schnell. O. k., Lucas, dann genieß die gute Nachricht und macht euch einen schönen Abend."
"Danke, Mama, ihr auch."
Was für eine schöne Nachricht. Ich hoffte das Beste. Sollte das Schicksal endlich einmal etwas Gutes bringen? Ich wollte ganz fest daran glauben.

***

Am Heiligen Abend waren wir bei Lucas und seiner Freundin eingeladen. Ihre Eltern sollten ebenfalls dabei sein. Mein Mann und ich hatten nicht wirklich Lust, denn Lucas und Gäste bewirten? Vor allem sollte es niveauvoll zu Weihnachten sein. Wie behandelte er mich vor ihren Eltern? Man musste ja auf alles gefasst sein. War die Wohnung sauber? Ich war ganz selten dort, da es zwischen uns so schwierig war. Mir wäre es lieber gewesen, wenn wir den Heiligabend bei uns gefeiert hätten.
Mit Geschenken beladen trafen wir bei Lucas ein. Seit ein paar Wochen ging er nun schon arbeiten, so war ich auf alles gefasst, was die Wohnung betraf. An diesem Abend sollte ich mich irren, aber in positivem Sinne. Die Wohnung blitzte vor Sauberkeit, alles war weihnachtlich dekoriert und es roch verführerisch nach Essen. Ich sah meinen Mann an und strahlte. Er lächelte aufmunternd zurück und legte seinen Arm um mich.
"Lucas, das habt ihr aber toll gemacht."
"Danke", lächelte er mich freundlich an.
"Was macht die Arbeit?", wollte ich wissen.

“Alles gut. Es macht richtig Spaß. Aber genug jetzt vom Arbeiten. Saskias Eltern kommen auch gleich, dann gibt es Essen.” Saskia war der Name seiner Freundin.
Ihre Eltern trafen ein, wir waren uns alle vier auf Anhieb sympathisch. Der Tisch war festlich gedeckt, Kerzen brannten, wir setzten uns gut gelaunt. Lucas’ Freundin schaltete leise Weihnachtsmusik ein, dann trugen sie das Essen auf. Ich muss zugeben, dass ich Lucas für diesen Abend etwas Geld gegeben habe, da ich nicht wollte, dass die beiden den ganzen Abend allein finanzieren sollten. Er hat es auch nicht sinnlos ausgegeben, was meine Befürchtung war. Nein, im Gegenteil. Es gab Vorsuppe, dann Rinderfilet mit Pommes und Salat und als Nachtisch selbstgemachten Mandarinenquark.
“Hmmm, das ist so lecker”, schwärmte mein Mann. Ich stimmte im begeistert zu. Lucas freute sich: “Das haben wir zusammen gezaubert, hat richtig Spaß gemacht.”
“Ich wusste gar nicht, dass du kochen kannst, meine Kleine”, schaltete sich jetzt auch lachend ihre Mutter ein. Lucas strahlte mit seiner Freundin um die Wette. “Tja, Mama, du musst ja auch nicht alles wissen”, gab sie lachend an ihre Mutter zurück. Wir sahen zwei glückliche, junge Leute, die sich liebten, eine schöne Wohnung und nun auch beide einen Job hatten. An diesem Abend haben sie sich verdammt große Mühe gegeben, die sich sehr gelohnt hatte. Ich war so stolz auf mein Kind. Es wurde so ein wunderschöner Abend, damit hätte ich nicht im Traum gerechnet. Nach dem Essen räumten wir alle die Küche auf, dann war Bescherung angesagt. Die Regie dafür übernahm Lucas und das machte er richtig gut. Regie der Bescherung heißt, dass bei uns immer eine Person die Geschenke verteilt,

der Beschenkte dann ein Weihnachtslied singen muss und erst dann, wenn jeder sein Geschenk in den Händen hält, dann einer nach dem anderen sein Geschenk auspackt. So kann man sehen, was derjenige bekommen hat und die Freude im Gesicht steckt dann an. Ich finde das schöner, als dieses Durcheinander, wo jeder gleichzeitig auspackt. Mein Sohn hatte das so von mir übernommen, und das freute mich total. Wir hatten an diesem Abend richtig viel Spaß, haben viel gelacht und gesungen. Überaus glücklich bin ich mit meinem Mann spät in der Nacht nach Hause gefahren.
Am 1. Festtag waren Lucas und seine Freundin bei uns. Ich schwärmte immer noch vom gestrigen Abend. Der Tag bei uns war auch richtig schön. So ging in diesem Jahr ein schönes Weihnachtsfest zu Ende. Ich hätte nicht mal zu träumen gewagt, dass es so schön sein könnte. Silvester waren wir bei Freunden. Das neue Jahr fing super an. Einen Wermutstropfen gab es jedoch trotzdem: Der war ich. Ich machte mir so große Sorgen um meinen Sohn. Inständig hoffte ich, dass er seinen Job behielt, dass seine Beziehung weiterhin gut lief und er seine Aggressionen im Griff hatte. Bei jedem Telefonat mit ihm hatte ich Herzrasen. Aber seit ein paar Monaten war alles gut. Ganz langsam entspannte ich mich innerlich. Ich glaubte daran, dass er jetzt seinen Weg gefunden hatte. Ich war viel gelassener, was natürlich auch meiner Ehe guttat.

***

Der Winter ging vorbei. Die letzten kleinen, schneebedeckten Fleckchen auf den Wegen wurden von der Sonne in ein Nichts verwandelt. Es war herrlich sonnige und klare Luft draußen. Selbst ein paar Vögelchen hörte man schon zwitschern. Ich wickelte mich in eine Decke ein und setzte mich mit einer Tasse Tee auf den Balkon. Ich war so glücklich. Mein Zuhause war immer noch voller Liebe und Harmonie. Mit Lucas gab es keinerlei Probleme.

Zum Osterfest bin ich mit meinem Mann nach Ägypten geflogen. Es war meine erste Flugreise, ich freute mich riesig. Ich war meinem Mann so dankbar, dass er uns das ermöglichte. Es wurde ein Traumurlaub. Wieder war das etwas, was ich jetzt erst kennenlernte. Einen Urlaub voller Spaß und Liebe am herrlichen Meer. Das Wasser war angenehm warm, das Essen war Spitze und das Hotel überhaupt – es war traumhaft. Viel zu schnell war die eine Woche vorbei. Es war so entspannend, dem Meeresrauschen zuzuhören und an nichts anderes zu denken. Mein Mann verwöhnte mich jeden Tag. Er ließ sich immer etwas einfallen. Es war so wunderschön, doch so ganz von zu Hause abschalten konnte ich nicht. Immer wieder waren meine Gedanken bei meinem Sohn.

Kaum waren wir zu Hause, rief ich ihn sofort an: "Hallo Lucas, wir sind aus dem Urlaub zurück. Ist bei dir alles in Ordnung?"
"Ja, Mama, alles o. k."
Ich spürte, dass er nicht lange reden wollte und beendete das Gespräch. Wirkliche Gedanken habe ich mir nicht gemacht. Auf mich wartete ein Berg Wäsche. Drei Tage später mussten mein Mann und ich wieder auf Arbeit. Die neue Arbeitswoche verging. Ich genoss es, ohne großen Kummer leben zu können.

An meinem ersten Arbeitstag nach dem Urlaub fuhr ich gut gelaunt nach Hause. Mein Mann erwartete mich schon ungeduldig. “Schatz, wir sollen unbedingt zu Lucas und Saskia kommen!” Sofort hatte ich wieder dieses typische Herzrasen.
“Warum? Was ist passiert?”
“Das hat er nicht gesagt”.
Also fuhren wir sofort zu den beiden. Meine Hände zitterten wie verrückt auf der Hinfahrt, das Herz zersprang fast. Sie empfingen uns mit gedecktem Kaffeetisch und einer Torte. Wow, was war denn hier los? “Das ist aber nett, dass ihr uns zum Kaffee einladet. Das hättet ihr doch aber sagen können. Ich habe mir schon wieder Sorgen gemacht!”, sagte ich leicht vorwurfsvoll.
“Siehst du, Mama, du machst dir schnell umsonst Sorgen”, lachte Lucas.
“Ja, ganz bestimmt – umsonst Lucas”, sagte ich nur.
Aber über eine Tasse Kaffee und ein Stück Torte freute ich mich natürlich. Wir redeten alle über die letzten Tage, über unsere Arbeit. Plötzlich fragte mich Lucas: ”Möchtest du noch eine Tasse Kaffee, Oma?” Ich nickte. Seine Worte kamen gar nicht bei mir an. Als ich einen Schluck Kaffee trank, sah ich meinen Mann an. Er sah mich mit großen Augen an. Ich sah von einem zum anderen, dann nahm ich den zweiten Schluck Kaffee und da traf es mich mit voller Wucht. “Wie Oma?”
“Ja, Mama, Saskia ist schwanger. Ich werde Papa”, strahlte mein Sohn.
Ich war so geplättet, dass ich mich am Kaffee so dermaßen verschluckte, ich dachte, mein letztes Stündchen hätte geschla-

gen. Nach Luft ringend saß ich am Tisch und hustete und hustete. Mein Mann sprang auf und gab mir sofort Wasser zum Trinken, Lucas klopfte mir auf den Rücken. Langsam wurde es besser.
“Oma?”, krächzte ich.
“Ja, du wirst Oma und dein Mann wird Opa”, strahlte mein Sohn.
“Na ja der Opa ist ja eigentlich dein Vater”, erwiderte mein Mann.
“Nein, du bist der Opa. Du warst für mich in all den Jahren mehr mein Papa, als es mein leiblicher Vater jemals war, also bist du auch der richtige Opa!”, sagte mein Kind gerührt. Bei seinen Worten kamen mir die Tränen. Eine solch rührende Aussage von ihm? Ich ahnte gar nicht, wie er zu meinem Mann stand. Recht hatte er auf jeden Fall. Mein Mann war immer für Lucas da, suchte mit mir gemeinsam immer nach Lösungen für mein Kind und war auch für mich immer da. Wieder fragte ich fassungslos: “Du bist schwanger?”
“Ja”, strahlte Saskia mit meinem Sohn um die Wette.
“Ein Kind? Jetzt schon? Vier Wochen vor Beendigung deiner Probezeit? Die übernehmen dich doch nicht. Auch Gehalt müssen sie dir nicht mehr zahlen, was du nach der Probezeit alles bekommen hättest. Ach Saskia …”, stöhnte ich.
“Ich weiß, habe schon mit denen gesprochen. Ich kümmere mich morgen um alles beim Amt”, versicherte sie uns.
“Wollt ihr denn das Kind?”
Wie aus einem Mund kam es von den beiden: “Klar.”
“Aber so ein Baby kostet doch auch Geld”, bemerkte ich leise.
“Mama, ein Kind braucht Liebe und die bekommt es von uns”,

sagte mein Sohn bestimmend.
Ja ein Kind braucht Liebe, aber es braucht noch viel mehr. Ich sagte aber nichts mehr. Natürlich hatte ich die Hoffnung, dass die beiden das alles gut in den Griff bekamen.

Mein Sohn und ein Kind? Ich konnte es nicht fassen. Er war doch selbst noch ein Kind. Vom Alter her natürlich nicht, aber sein ganzes Verhalten und sein Verantwortungsbewusstsein waren noch nicht das eines Erwachsenen oder gar eines Vaters. Na gut, tröstete ich mich, mit dem Baby kommt ja vielleicht die Reife und die Verantwortung automatisch mit.
Völlig aufgewühlt ging ich an diesem Abend ins Bett. An Schlafen war aber nicht im Geringsten zu denken. Meinem Mann erging es ebenso. Wir redeten die halbe Nacht über das kleine Mäuschen, das in ein paar Monaten das Licht der Welt erblicken sollte.
“Schatz, mach dir doch nicht so viele Gedanken. Die beiden packen das schon. Sieh mal, wie sehr sie sich freuen”, versuchte er, mich zu beruhigen.
“Ich hoffe es so sehr, aber ich sehe in ihm doch immer noch das Kind. Warum haben sie das nicht besser geplant? Woher wollen sie denn das Geld nehmen für alles, was das Baby braucht? Vorher schon, bevor es auf der Welt ist? Da muss doch noch so viel angeschafft werden.”
“Wir helfen ihnen dabei Schatz, das verspreche ich dir.”
Mein lieber, herzensguter Mann.

Mittlerweile wussten wir, dass es ein kleines Mädchen werden würde.

Etwa vier Monate später verabredeten wir uns mit den beiden und zogen los, um alles, was das Baby zur Erstausstattung brauchen würde, einzukaufen. Die Eltern von Saskia konnten nicht viel dazugeben, aber sie kauften auch etwas. Gemeinsam bauten wir am nächsten Wochenende bei ihnen zu Hause alles auf, ich brachte die Gardinen im Zimmer an und am Abend standen wir zufrieden im zukünftigen Babyzimmer. Es war so süß, alles in schönem Rosaweiß und jetzt begann auch ich, mich zu freuen.
Wenn wir uns trafen, gab es nur noch Babygespräche. Glücklich erwarteten wir alle die kleine Prinzessin.

***

Fröhlich verließ ich meine Arbeitsstelle, draußen war herrliches Wetter, so beschloss ich, noch etwas in der Stadt bummeln zu gehen. Ich kaufte zwei supersüße Strampelhöschen. Auf dem Nachhauseweg wollte ich sie gleich zu Lucas bringen. Doch schon an der Tür hörte ich laute Musik. Vielleicht ist Saskia beim Putzen, da höre ich auch immer laute Musik. Als Lucas jedoch die Tür öffnete, erschrak ich fast zu Tode. Mein Sohn stand mit einer halben Flasche Wein in der Tür und lallte: "Wwas maaachst du denn hier?" Ich schob ihn einfach zur Seite und trat ein. Mich traf fast der Schlag. Am Tisch saßen vier junge Leute, alle angetrunken, eigentlich schon fast betrunken. Überall standen leere Flaschen und Gläser herum. In der Wohnung stank es nur so nach Zigarettenrauch und auch ein verdächtig süßer Geruch hing in der Luft. Erschrocken sah ich

Lucas an: “Was machst du hier? Ist das dein Ernst?“
“Boah, Mama, mmaaach doch nnnnicht gleich so ein Theater. Ein biiisschen Feiern wwwiird doch erlaubt sein”, lallte er unverschämt.
“Aber nicht mit Alkohol, Zigaretten und Drogen. Du schadest doch am meisten deinem Baby. Saskia atmet doch das alles ein”, erwiderte ich wütend und verzweifelt.
“Oh ja, Mama, geh jetzt wieder! Meine Freundin kommt gleich aus der Stadt. Ich muss noch ein bisschen aufräumen.”
“Na, die wird sich freuen”, entgegnete ich.
“Jaaaaa, wwiiiird sie auch”, blaffte er zurück.
Ich musste gehen, ich wollte auch gehen. War das gerade wirklich wahr, was ich da vorfand? Ich verstand die Welt nicht mehr. Völlig aufgelöst und verweint kam ich zu Hause an. Ich muss ausgesehen haben, wie der leibhaftige Tod. Erschrocken nahm mein Mann mich in den Arm und wollte wissen, was denn so Schlimmes passiert sei. Ich berichtete ihm alles, da wurde er zum ersten Mal, seit ich ihn kannte, richtig wütend.
“So jetzt ist Schluss, Schatz! So geht das nicht mehr weiter. Wir ziehen uns jetzt erst einmal von Lucas zurück. Du kannst dich nicht weiter so aufopfern und ich auch nicht. Wir gehen daran kaputt”, redete er auf mich ein. Ich weinte bitterlich: “Aber er ist doch mein Kind. Mein kleines, süßes Kerlchen. Ich muss doch für ihn da sein. Er hatte es doch als Kind schon nicht gut, weil ich es nicht geschafft habe, aus diesem fürchterlichen Zuhause auszubrechen”, schluchzte ich verzweifelt.
Mein Mann entgegnete jetzt wieder ganz ruhig: “Das ist ja alles richtig, aber man kann nicht alles auf seine Kindheit schieben. Er muss erwachsen werden und für sein Handeln selbst die

Verantwortung übernehmen. Lucas will Vater werden! Willst du dann für die kleine Maus auch noch die Verantwortung übernehmen? Das geht nicht. Lass es uns versuchen und vorerst keinen Kontakt zu ihm haben. Ich schreibe ihm das gleich.”
“Nein, Schatz, lass mich das machen”, kam es schwach von mir.
Ich holte mein Handy und tippte mit zitternden Fingern folgende Nachricht ein:

Hallo Lucas,
ich möchte dir sagen, dass es so nicht mehr weitergeht.
Ich bzw. wir können nicht mehr. Wir dachten wirklich,
du hast dich geändert – auch für dein Baby, aber leider
ist es nicht so. Wir ziehen uns von dir zurück.
Ich liebe dich, du bist mein Ein und Alles, aber so geht es nicht mehr. Party, Drogen, Alkohol – mehr interessiert dich nicht.
Von mir lässt du dir auch nichts sagen. Jetzt musst du selbst die
Verantwortung für dein Handeln übernehmen. Denk bitte
mal darüber nach und ändere dein Leben.
In Liebe,
Mama

Ich lüge nicht, wenn ich jetzt sage, was von ihm zurückkam: “Bla, bla, bla.” Das war das Einzige, was von ihm kam. In seinem momentanen Zustand konnte er auch gar nicht anders. Er war ja total betrunken, da ist einem vieles egal.
Fast die ganze Nacht habe ich geweint. Am nächsten Nachmit-

tag rief Lucas auf meinem Handy an, aber ich ignorierte es. Es fiel mir unsagbar schwer, so zu handeln, ohne Unterstützung meines Mannes hätte ich das nie geschafft, hart zu bleiben. Dann erhielt ich von Lucas eine Nachricht mit den Worten: "Na dann eben nicht."

Keine Einsicht, einfach nichts kam von ihm.

"Er nimmt das noch nicht ernst, Schatz. Sobald es kriselt, denkt er, wir sind weiter für ihn da und holen die Kohlen aus dem Feuer. Warte ab, Schatz, er wird es merken und vielleicht bekommt er dann noch mal die Kurve für sein Leben." Ich hoffte so sehr, dass er recht behalten würde. Fast täglich rief mein Sohn mich an, aber ich blieb weiterhin standhaft. Nach einigen Tagen sah er scheinbar ein, dass es keinen Zweck hatte und die Anrufe ließen nach. Auch hatte ich Angst, dass er zu uns kommen würde und einen Riesenkrach provozierte, zum Glück blieb das jedoch aus. Ja, ich hatte Angst vor meinem Sohn. Seine Unbeherrschtheit in Verbindung mit Alkohol ließen ihn unberechenbar werden.

Ich war total am Ende vor Sorge um mein Kind. Es war wie in einem Albtraum, aus dem man einfach nicht aufwachen kann. Warum sah er denn einfach nicht ein, dass er sein Leben ändern musste? Er wollte Papa werden. Die nächsten Wochen vergingen mehr schlecht als recht. Ich konnte einfach nicht abschalten. Meine einzigen Gedanken galten meinem Sohn. Mein eigenes Leben zählte überhaupt nicht mehr. Ich rechnete mit dem Schlimmsten. Es ist so furchtbar, wenn man zusehen muss, wie einem das eigene Kind immer mehr entgleitet. Meine Welt stand still. Ich hatte zu nichts mehr Lust, aß und schlief sehr schlecht. Mein Hausarzt verschrieb mir etwas zur Beruhigung. Ich war bei ihm und sagte nur, dass ich nicht schlafen konnte. Über Lucas verlor ich kein Wort, ich schämte mich viel zu sehr. Die Medikamente halfen jedoch überhaupt nicht. Dafür waren meine Nerven viel zu angespannt, ich kam einfach innerlich nicht zur Ruhe. Mein Mann versuchte alles, um mich abzulenken. Er ging mit mir essen, wir waren bei Freunden, er kraulte mir den Rücken und den Kopf, bis ich einschlief, aber wenn ich dann eingeschlafen war, war ich nach einer Stunde wieder wach. Die Sorge um Lucas war einfach zu groß.

Ich erinnere mich noch sehr gut an einen Sonntag einige Wochen später, als Lucas mit Saskia völlig aufgelöst in unserer Tür stand. Sollte ich sie vor der Tür stehen lassen und sie nach Hause schicken? So am Boden zerstört und verheult? Nein, das konnte ich nicht. Mein Kind war scheinbar in großer Not, da musste ich einfach für ihn da sein. Seiner Freundin ging es ebenfalls sehr schlecht, das war nicht zu übersehen.
“Um Gottes willen Lucas, wie seht ihr denn aus?”
“Ich kann nicht mehr, Mama.” Ich nahm meinen Sohn in den Arm und ging mit ihm zum Sofa. Auch mein Mann war erschrocken, nahm Saskia in den Arm und kam ebenfalls zum Sofa. Lucas brauchte sehr lange, bis er sich etwas beruhigt hatte und sprechen konnte.
“Mama … es ist alles aus. Ich habe so viele Schulden, ich weiß einfach nicht, wie ich die bezahlen soll. Ich weiß, ich habe zu viele Partys gefeiert und auch immer zu viel getrunken. Joints habe ich auch geraucht …”, schluchzte er jetzt beim Reden. Das musste ja mal so kommen. So, wie mein Sohn lebte, ließen

die Konsequenzen nicht lange auf sich warten. Trotzdem wollte ich ihn beruhigen.
“Lucas, es gibt für alles eine Lösung. Ändere dein Leben und besinne dich auf das Wesentliche im Leben. Da kann man auch mal feiern, das ist doch völlig normal, aber nicht in dem Maße wie du. Alkohol und Drogen gehen nun mal nicht. Denk doch auch mal an Saskia. Sie bekommt ein Baby, da solltest du sie verwöhnen, für sie da sein und nicht nur an deine Vergnügungen denken. Auch wenn deine kleine Prinzessin da ist, kannst du nicht immer nur feiern. Die Kleine braucht stabile Eltern, die vernünftig sind.”
“Ich … habe … habe … auch eine Anzeige am Hals”, stotterte Lucas herum.
“Was? Bist du kriminell?”
“Ich bin betrunken Auto gefahren und die haben mich erwischt.”
Ich schlug nur noch die Hand vor meinen Mund. Oh mein Gott!!
Jetzt weinte Lucas hemmungslos. Mein Mann schaltete sich ein: “Lucas, wegen deiner Schulden musst du zum Schuldenberater gehen. Was deine Anzeige angeht, musst du jetzt erst einmal abwarten. Den Führerschein wirst du wohl abgeben müssen und über die Geldstrafe musst du auch mit dem Schuldenberater reden. Vielleicht weiß er, wie man das abzahlen kann.”
“Ich muss ins Gefängnis”, weinte er.
“Ach quatsch, oder hattest du einen Unfall oder jemanden verletzt?”
“Nein.”

“Dann musst du auch nicht ins Gefängnis. Aber Autofahren ist erst einmal vorbei”, redete mein Mann beruhigend auf ihn ein. Ich bewunderte ihn für seine Ruhe und die eindringlichen Worte an Lucas.
“Wenn ich ins Gefängnis muss, was wird dann aus meinem Baby? Ich will doch bei ihr sein und sie aufwachsen sehen”, schluchzte er wieder.
“Hör auf, du musst bestimmt nicht ins Gefängnis”, beruhigte mein Mann mein Kind immer wieder.

Plötzlich hielt Saskia sich ihren Bauch und krümmte sich vor Schmerzen. Oh mein Gott, das Baby! Es ist doch noch viel zu früh. Sie war doch erst im sechsten Monat. Ihre Schmerzen wurden immer schlimmer. Uns blieb nur noch, den Notarzt anzurufen. Innerhalb von ein paar Minuten waren der Rettungswagen und der Notarzt bei uns. Ich stand fassungslos neben meinem Mann. Saskia bekam Infusionen und wurde mit ins Krankenhaus genommen. Selbstverständlich fuhr ich mit meinem Mann und Lucas hinterher. Davon konnte mich niemand abhalten, aber das wollte mein Mann auch gar nicht. Er selbst war auch ganz aufgelöst. An Dramatik war es hier kaum noch zu übertreffen. Wir hatten alle Angst um Saskia und das Baby. Meine Nerven waren zum Zerreißen gespannt. Mein Mann war zum Glück so geistesgegenwärtig und rief Saskias Eltern an. Sie eilten auch rasend schnell ins Krankenhaus.
Nach einer gefühlten Ewigkeit kam ein netter und verständnisvoller Arzt zu uns auf den Flur, wo wir schon seit drei Stunden warteten. Zu Saskias Eltern gewandt sagte er: “Ihre Tochter hat großes Glück gehabt. Wir konnten das Baby halten, aber sie

muss sich bis zur Geburt schonen, sonst besteht die Gefahr einer Frühgeburt." Ich atmete hörbar auf, Tränen der Erleichterung liefen über mein Gesicht. Der Arzt redete weiter: "Was uns aber größere Sorgen macht, ist der Alkohol- und Drogenkonsum Ihrer Tochter. Wir haben zwar nur eine geringe Menge in ihrem Blut festgestellt, aber das heißt nichts. Es kann noch ein Rest von Alkohol- und Drogenkonsum sein, oder sie hat erst vor Stunden etwas getrunken und eine kleine Menge Drogen konsumiert. Das kann ich so nicht genau sagen. Sie muss dringendst damit aufhören, sonst kann es wirklich zu ernsthaften Schäden bei dem Baby kommen, das reicht bis hin zur Totgeburt. Reden Sie bitte eindringlichst mir ihr." Ich glaubte, mich verhört zu haben. Saskia trank Alkohol und nahm Drogen? Ich fühlte mich wie auf einer Riesenwelle, die mich unter Wasser riss und nicht wieder auftauchen ließ.
"Ich wünsche Ihnen alles Gute. Sie können jetzt zu Ihrer Tochter. Auf Wiedersehen."
"Auf Wiedersehen und vielen Dank", verabschiedeten wir alle den Arzt. Saskias Eltern wollten nur noch zu ihrem Kind, Lucas wollte unbedingt zu seiner Freundin und mein Mann und ich wollten auch mit den beiden reden. So kam es zu einem heillosen Durcheinander, aus dem wir uns erst einmal zurückzogen. Ich drängte Lucas, mit uns vor die Tür zu kommen.
"Ihr nehmt beide Drogen und trinkt Alkohol? Beide? Du allein war doch schon schlimm genug, aber Saskia …?"
"Ja, Mama, wir beide. Aber wir hören auf, das verspreche ich dir."
"Ich glaube nichts mehr, Lucas. Das ist zu viel!"
Ich konnte ihm auch nicht glauben, selbst wenn ich gewollt

hätte.
Lucas weinte hemmungslos. Ganz fest hielt ich ihn im Arm und weinte mit ihm. Am nächsten Nachmittag waren wir wieder mit Lucas bei Saskia am Krankenbett. “Mädel, Mädel, was macht ihr denn für Sachen? Das weiß doch jedes Kleinkind, dass Drogen und Alkohol in der Schwangerschaft tabu sind. Sollten sie übrigens auch sonst sein. Mal ein Gläschen – o. k., aber sonst? Was wollt ihr denn für Eltern werden? Saskia, du musst dein Leben komplett ändern. Das haben die Ärzte dir hier bestimmt auch schon gesagt. Tu es doch für dein Baby. Keinen Alkohol und keine Drogen mehr!”, redete ich auf sie ein.
Mein Mann unterbrach mich und redete eindringlich mit ihr. Er konnte das viel besser als ich. Ich heulte gleich, fand keine Worte vor Traurigkeit oder Entrüstung und so gut, wie mein Mann seine Worte wählte, konnte ich das sowieso nicht. “Ja, das haben mir meine Eltern auch schon alles gesagt. Ich höre ja auf damit, ist ja gut”, sagte sie leicht genervt.
Ich muss an dieser Stelle sagen, dass wir von Saskia und Saskias Eltern sehr enttäuscht waren. Als ich die neue Freundin meines Sohnes kennenlernte, schloss ich sie sofort in mein Herz. Ich hatte mich sehr in ihr getäuscht, das musste ich erst einmal verdauen. Ihre Eltern besuchten sie sehr selten und hielten sich eigentlich komplett aus ihrem Leben heraus. Auch im Verlauf von Saskias Schwangerschaft und danach waren sie eigentlich nie für ihre Tochter da.

Als wir wieder zu Hause waren, machte ich Abendessen. Beim Essen sagte mein Mann plötzlich: “Lucas, such dir doch Hilfe.

Du hast Probleme und die musst du mit professioneller Hilfe lösen. Wir können dir nicht mehr helfen, außer für dich da zu sein. Das haben wir die ganzen Jahre versucht, aber es hat nichts gebracht. Egal, ob wir für dich da waren, deine Schulden bezahlt haben, du hast einfach weitergemacht, wie vorher. Wir können deine Finanzen nicht mehr auffangen, wir sind ja keine Millionäre. Das musst du mit einem Schuldenberater lösen. Wegen deiner Anzeige musst du jetzt erst einmal abwarten. Ins Gefängnis musst du nicht, wenn du niemanden verletzt hast. Da kannst du dich beruhigen. Sieh dir mal deine Mama an! Sie ist völlig am Ende. Seit Jahren haben wir nur Sorgen. Ich weiß Lucas, du hattest es nicht leicht als Kind, aber genau das musst du aufarbeiten mit einem Fachmann. Das können wir nicht leisten." Bei seinen Worten streichelte er die ganze Zeit Lucas' Hand. Danach herrschte absolute Stille. Plötzlich richtete sich Lucas auf und nahm meinen Mann ganz fest in den Arm: "Danke, Papa." Vor Rührung musste ich wieder weinen. Ja, er war wie ein Papa. Er fand die richtigen Worte, behielt die Ruhe und war liebevoll, auch bei seiner harten Ansage, denn die Worte waren hart. Wer gesteht sich schon gern ein, dass er professionelle Hilfe braucht? Aber Lucas musste der Wahrheit ins Auge sehen. Es ging einfach so nicht mehr weiter. Mein Mann hatte auch Tränen in den Augen: "Bitte, mein Kind."
Jetzt mussten wir alle mit Tränen in den Augen lachen.

Nach drei Tagen durfte Saskia das Krankenhaus verlassen. Sie strahlte über das ganze Gesicht, küsste ihren Lucas und sagte laut: "So, jetzt auf ein neues Leben, mein Schatz!" Zustimmend nickte Lucas und flüsterte mir zu: "Mama, bist du böse,

wenn wir gleich nach Hause fahren?" Ich schüttelte den Kopf: "Quatsch, geht ihr nur. Aber pass auf dich und vor allem auf deine Saskia und die kleine Prinzessin auf. Ich verlasse mich auf dich, mein Sohn!"
"Mache ich, Mama."
"Siehst du, Schatz, man könnte ja denken, sie haben begriffen, was sie zu tun haben", lächelte mein Mann mich an und nahm mich in den Arm. Glücklich lächelte ich zurück: "Ja, ich hoffe es." Und ich hoffte es wirklich, obwohl meine Gedanken noch sehr vorsichtig waren. Vertrauen zu Lucas hatte ich nach all den Geschehnissen noch nicht wieder fassen können. Zu Saskia war mein Vertrauen ebenfalls komplett erschüttert. Schwanger, Alkohol und Drogen? Nie hätte ich das für möglich gehalten, das gab es doch nur im Fernseher und nicht bei der Freundin von meinem Sohn!! Nein! Nein! Nein! Ich wollte es nicht wahrhaben.

Ein paar Wochen später kam Lucas mit einem Brief vom Gericht zu uns. Lucas wurde mit einem Alkoholgehalt von 0,9 Promille gestellt. Die Geldbuße betrug 500,00 Euro, zwei Punkte in Flensburg und vier Wochen Fahrverbot. Ich hätte mit einem Jahr Fahrverbot gerechnet, aber ich kannte mich in solchen Angelegenheiten nicht aus, das lernte ich gerade von meinem Sohn. Das möchte keine Mutter oder kein Vater von seinem Kind lernen müssen, dessen bin ich mir sicher. Ich musste es leider.
"Na siehst du, nichts mit Gefängnis", lächelte ich ihn vorsichtig an.
"Ja, aber wo soll ich die 500 Euro hernehmen?"

“Ruf doch da an und frage, ob du die Strafe in Raten abzahlen kannst.”
“Ich kann das nicht, Mama, kannst du das nicht machen?”, flehte er mich an.
Da kam mein Mann mir zuvor und entgegnete: “Doch Lucas, du kannst! Mach es gleich von hier aus. Wir sind bei dir.” Ich nickte ihm aufmunternd zu. Ängstlich wählte Lucas die Nummer und fragte unsicher nach einer Ratenzahlung. Er schämte sich unendlich und das spürte ich ganz genau. Dann die Erleichterung. Er musste eine E-Mail schreiben, worin er seinen Vorschlag für die Ratenzahlung unterbreitete und auf den Bescheid warten, ob es eine Zustimmung oder Ablehnung geben würde. Aber eine Ablehnung gibt es ganz selten, nur wenn jemand nur 5,00 Euro zahlen möchte zum Beispiel. Lucas wollte jeden Monat 50,00 Euro bezahlen. Die E-Mail kam am nächsten Tag mit einer Zustimmung der Ratenzahlung an. Das war jetzt also erledigt.
“Siehst du, das war doch gar nicht so schwer. Das musst du immer so machen. Alles sofort erledigen und klären, dann kannst du aufatmen und hast das Problem aus der Welt geschaffen”, kam es von meinem Mann. Wenn ich es heute rückblickend betrachte, ist Lucas relativ glimpflich davongekommen. Es hätte alles viel schlimmer ausgehen können. Ich darf mir gar nicht vorstellen, wenn er in seiner Trunkenheit noch jemand schwer verletzt hätte oder ähnliches. Ich zittere, wenn ich nur darüber nachdenke.

***

Der Sommer ging und mit ihm verabschiedete sich die brütende Hitze, die wir in diesem Jahr hatten. Der Herbst kündigte sich mit angenehmen Temperaturen an. Mein Mann und ich wollten in den Urlaub fliegen, aber ich hatte Angst. “Wenn etwas mit Lucas passiert, bin ich nicht da. Können wir den Urlaub nicht verschieben, Schatz?”
“Nein oder? Das ist jetzt nicht dein Ernst. Willst du immer noch auf Abruf parat stehen? Lucas kommt sehr gut eine Woche ohne uns zurecht. Bitte lass uns den Urlaub genießen.” Er hatte ja recht, aber ich hatte solche Angst. Trotzdem gab ich nach und wir flogen nach Tunesien. Meine Gedanken waren jedoch durchweg zu Hause. Wir hatten schon so viel mit Lucas erlebt, dass meine Angst vor neuem Chaos oder neuen Hiobsbotschaften einfach zu groß war. Jedoch gab ich mir Mühe, es mir nicht anmerken zu lassen. Das ist mir ganz gut gelungen. Es wurde ein wirklich schöner Urlaub. Auf dem Heimweg war mein Herzrasen wieder so stark. Was würde mich bzw. uns erwarten? Wir waren kaum aus dem Flughafengebäude heraus, rief ich sofort Lucas an. Ich wollte wissen, ob alles in Ordnung war. Er war fröhlich und bejahte meine Frage. Gott war ich froh!

Saskias Niederkunft rückte mit großen Schritten voran. Sie verhielt sich vorbildlich, sodass ich langsam aufatmen konnte. Mit Begeisterung schilderten sie uns ihr Leben. Saskia kochte jeden Tag, putzte die Wohnung und las Babyratgeber, Lucas ging arbeiten und abends sahen sie fern. Endlich waren sie in ihrer Rolle als werdende Eltern angekommen. Sie war so süß und fürsorglich mit ihrem kleinen Nachwuchs im Bauch. Mit den “Kumpels” der letzten Jahre trafen sie sich gar nicht mehr. Die Beziehung lief (ich sage es in ihren Worten) spitzenmäßig.

Eines Abends, es war schon Winter und bitterkalt, bekamen wir einen Anruf von Lucas. Völlig aufgeregt rief er ins Telefon: “Saskia ist im Krankenhaus. Sie liegt in den Wehen.” Sofort fuhren wir in die Klinik. Ich rannte zu Lucas, aber er begrüßte mich nur und wollte sofort wieder zu Saskia. Das konnte ich gut verstehen. Er kam immer wieder zu uns und berichtete, wie es Saskia und dem Baby ging. Für eine PDA-Betäubung war es wohl schon zu spät, das konnte ich gar nicht verstehen. Saskia hatte starke Schmerzen. Die Geburt dauerte zwölf Stunden, dann endlich erblickte unsere kleine Prinzessin das Licht der Welt. Wir rannten aber nicht sofort zu Lucas, nein, die jungen Eltern sollten ihr Glück erst einmal allein genießen. Wir warteten ca. zwei Stunden, dann gingen wir auf ihr Zimmer, wo sie schon hingebracht wurden. Als ich zum ersten Mal das kleine Würmchen im Arm hielt, war mein Glück kaum zu beschreiben. Zuckersüß war die kleine Maus. Ich bot mich sofort an, als Babysitter zu fungieren, sollten die jungen Eltern mal etwas vorhaben. “Nein, Mama, das ist gut gemeint, aber mein Baby gebe ich niemals aus der Hand.” Wow, was für Töne von meinem Sohn. Ich lachte: “Und wenn du arbeiten bist? Merkst du es gar nicht …” Wir lachten alle, aber Saskia sagte auch: “Nein, ich gebe die Kleine auch nicht aus der Hand.” Der junge Papa strahlte ganz selig und wollte sein Würmchen gar nicht mehr aus der Hand geben. Auch der Opa knuddelte und herzte sein Enkelchen. Es waren wunderschöne Stunden in der Klinik. Ich wünschte, die Zeit würde stehen bleiben.

Als Saskia mit ihrem Baby nach ein paar Tagen nach Hause durfte, fuhr ich die ersten drei Tage zu der kleinen Familie, um Hilfestellung zu geben. Ich schaute nach Feierabend vorbei, aber die beiden machten alles wunderbar. Saskia und Lucas waren stolze, junge Eltern. Wir zogen uns zurück und ließen sie wissen, dass wir sofort zur Stelle sind, wenn sie uns brauchen. Dankbar verabschiedeten sie sich von uns. Lucas hatte sich für eine Woche Urlaub genommen und unterstützte seine Freundin, wo er konnte. Ich war ganz stolz auf ihn. Ich betete, dass alles so bleiben würde.
Saskias Eltern ließen sich nicht blicken. Sie haben die kleine im Krankenhaus am Tag der Geburt gesehen und seitdem nicht wieder. Für mich und meinen Mann war das unvorstellbar. Wie kann man sich denn für sein Kind und Enkelkind nicht interessieren?

In den Nächten lag ich wach und grübelte. Immer dieselben Gedanken ließen mich nicht los. Seit so vielen Jahren war ich in einem Teufelskreis der Gefühle. In meinem Innersten gab es nur noch Ohnmacht, Trauer, Wut, Schmerz und Angst um mein Kind. Oft hatte ich das Gefühl, ich hätte Lucas verloren. Er war unerreichbar für mich, ich kam mit keinen Worten und keinen Taten an ihn heran. Egal, was ich auch tat, es half immer nur für eine kurze Zeit. Wie oft waren mit einem Schlag all unsere Hoffnungen zunichtegemacht worden! Mein Mann und ich kamen uns nur noch wie Roboter vor. Wir funktionierten noch, aber lebten nicht mehr. Gegenüber meinem Mann hatte ich ein unsagbar schlechtes Gewissen. An einem gemütlichen Abend

sagte ich zu ihm: “Schatz, es tut mir alles so leid. In allem bist du mit involviert, dabei brauchst du doch auch mal Ruhe. Hättest du gewusst, was für Probleme in meiner Familie bestehen, hättest du mich bestimmt nicht genommen oder? Vielleicht denkst du auch schon darüber nach, wieder zu gehen und mich zu verlassen!?” Mir kamen die Tränen, ohne dass ich das wollte. Ganz fest nahm er mich daraufhin in den Arm: “Schschsch … ich liebe dich mein Schatz und das wird sich auch nicht ändern. Schau mal, Lucas macht doch jetzt seine Sache gut und wir haben wieder Zeit für uns. Du musst nur noch ein bisschen dein hübsches Köpfchen abschalten und deine Gedanken nicht immer nur um Lucas kreisen lassen. Hab keine Angst um mich, ich werde dich nicht verlassen, dafür liebe ich dich viel zu sehr. Wenn irgendwann wieder etwas mit Lucas oder mit dir ist, dann stehe ich hinter dir. Das verspreche ich dir.”
“Ich bin so glücklich mit dir”, sagte ich unter Tränen.
Mein Mann küsste mir die Tränen weg: “Ich bin auch sehr glücklich mit dir.”
Sollte ich das glauben? Bei dem emotionalen Stress, den er mit mir hatte? Ich wollte daran glauben.

Acht Wochen später baten uns die jungen Eltern, auf ihre kleine Prinzessin aufzupassen und bei uns schlafen zu lassen. Sie waren zu einem Geburtstag eingeladen. “Schau an, wie schnell man so seine Meinung ändert”, lachte ich sie an.
“Du hast recht, Mama, manchmal ist es schon schön, mal ohne Baby weggehen zu können.” Natürlich nahmen wir das freudig an. So ein kleines Würmchen zu bemuttern und das ohne Stress, wie damals bei meinem Ex-Mann, darauf freute ich

mich unbeschreiblich. Früher mit meinem kleinen Kind gab es nur Stress, Geschrei und Gewalt. Jetzt hatte ich eine kleine Prinzessin bei uns inmitten von Harmonie und Liebe. Mein Mann und ich freuten uns darauf. Lucas und Saskia brachten alles mit, was wir brauchen würden und so konnten wir uns jetzt als Oma und Opa beweisen. Als ich sie im Arm hatte, wollte ich sie gar nicht hergeben. Ich betrachtete das kleine, süße Gesichtchen, ihre kleinen Händchen und ihren süßen Mund. Mit offenen Augen sah sie mich groß an und zappelte mit ihren Ärmchen. Unbeschreibliche Liebe und Glück durchströmten meinen Körper. Die Zeit für das Fläschchen war gekommen, ich wollte die kleine Maus so lange in ihr Körbchen legen. "Nein, Schatz, gib sie ruhig mir. Ich möchte sie auch einmal nur bei mir haben", bettelte mein Mann. Wir beide liebten unser Enkelchen unendlich doll. So legte ich die Kleine in die Arme meines Mannes und ging in die Küche. Als ich wieder im Wohnzimmer war, lag mein Mann auf dem Sofa und die kleine Maus lag auf seinem Oberkörper. Beide waren eingeschlafen. Ein allerliebstes Bild bot sich mir. Mit einem Finger strich ich ganz sanft über die kleine Wange unserer Prinzessin. Sofort öffnete sie ihre Äuglein, sah mich an und verzog ihr Gesicht zum Weinen. Mein Mann war sofort wach, hob sie über sein Gesicht: "Hey, hey, kleine Maus, warum schimpfst du denn?" Sie weinte und brabbelte, alles in einem. Zuckersüß. Ich wedelte mit dem Fläschchen, woraufhin er mir die Kleine gab. Hungrig nuckelte sie den gesamten Inhalt der Flasche aus. Es konnte gerade alles nicht schöner sein. Ich war selig. Gemeinsam wollten wir die kleine Maus baden. Ich zog sie behutsam aus, als ich ihr die Windel auszog, erschrak ich mich zu

Tode. Ich rief sofort meinen Mann. “Schau dir das mal an, Schatz. Die Kleine ist vollkommen wund.” Es sah wirklich richtig schlimm aus. Auch mein Mann war total erschrocken. Er fuhr sofort in die Apotheke und holte eine Salbe dagegen. Die arme Maus, das muss doch brennen oder jucken!

Versorgten die beiden ihr Baby nicht richtig? Ich wollte es nicht glauben.

In der Nacht weckte uns die Kleine viermal. Sie trank ihr Fläschchen, ich wechselte ihre Windel und rieb sie immer mit der Salbe ein. Am nächsten Morgen sah es schon etwas besser aus.

Am Nachmittag sind wir mit ihr im Kinderwagen spazieren gegangen. Zu Hause beschäftigten wir uns die ganze Zeit mit unserem kleinen Würmchen.

Als Lucas und Saskia am nächsten Tag kamen, um ihr Töchterchen abzuholen, wies ich sie darauf hin, dass die Kleine völlig wund ist.

“Boah, Mama, das ist bei Babys nun manchmal so.”

“Nein, Lucas, nicht so doll!”

“Doch”, blaffte er.

“Nein, Lucas, klar ist ein Baby mal rot, aber niemals so wund, wie die Kleine. Das ist nicht normal. Ihr müsst öfter die Windel wechseln und die Kleine gut einreiben.”

“Deine Besserwisserei – Maaannn, es geht mir so auf den Geist”, trotzte mein Sohn.

Saskia versuchte, ihn zu beruhigen: “Schatz, es ist doch alles gut. Beruhige dich mal!”

“Vergiss es!”, blaffte Lucas nur, nahm sein Baby aus dem Körbchen und verschwand mit Saskia im Schlepptau. Wie zur

Salzsäure erstarrt stand ich wieder einmal da. Was war das gerade?
"Was haben wir denn falsch gemacht? Sie sollen doch nur die Kleine anständig versorgen!" Bei dem Gedanken wurde mir ganz schlecht.
"Wir haben nichts falsch gemacht, Schatz. Lucas musste nur wieder respektlos sein. Ich hoffe natürlich, dass sie ihr Kind nicht stundenlang schreien lassen und es gut versorgen", versuchte mein Mann, mich zu beruhigen. Ich ließ mich aber nicht beruhigen. Ich zitterte am ganzen Körper.
An Lucas schrieb ich eine Nachricht: "Bitte versorgt die Kleine ordentlich. Wechselt öfter die Windel, bitte Lucas. Wir machen uns doch Sorgen!"
"Wenn ihr das denkt, dass wir unsere Tochter nicht richtig versorgen, könnt ihr sie eben nicht mehr nehmen. Ständig müsst ihr uns bevormunden", kam es von ihm.

Ich verstand die Welt nicht mehr. Das ließ ich aber nicht auf uns sitzen. Ich rief Saskias Eltern an und erzählte ihnen die Geschichte. Ich bat sie inständig, mit ihrer Tochter zu reden und ihr zu erklären, dass sie darauf achten sollen, dass die Kleine nicht wund wird, in dem sie öfter die Windeln wechselten. "Nein, da halte ich mich raus." Ich dachte, ich höre nicht richtig. O. k., gut, das musste ich so hinnehmen. Vielleicht fünfzehn Minuten später rief mein Sohn an: "Mama, tratsche doch nicht alles gleich bei Saskias Eltern aus. Bei wem machst du uns denn sonst noch so schlecht?", raunzte er mich an.
"Ich mache mir doch nur Sorgen. Ihr könnt doch ein Baby nicht so wund werden lassen!" Ganz ruhig redete ich.

“Das weiß ich, hör auf, dich einzumischen! Das nervt!” Ich war total fertig.
“Sollen sie machen …”, mischte sich mein Mann ein, er kam jedoch nicht weiter.
“Nein, hier geht es um ein Baby.”
“Ja, Schatz, ich weiß, aber was sollen wir machen? Sie lassen sich doch nichts sagen.” Ich nickte, ja er hatte recht, sie ließen sich nichts sagen. Von meinem Sohn kannte ich das mittlerweile zur Genüge, aber warum ließ sich auch Saskia nichts sagen?

Diese und ähnliche Situationen gab es immer wieder, bei jedem Mal rastete Lucas aus, fauchte uns an, dass wir unfähig seien. Auf der anderen Seite brauchten sie uns immer wieder und in diesen Momenten war er liebe- und respektvoll. Immer wieder gaben wir nach und halfen ihnen.

***

Schon zwei Wochen später baten sie uns wieder, auf die Kleine aufzupassen. Sofort sagte mein Mann zu ihnen: “Wir lassen die Kleine nicht stundenlang schreien. Wir springen nicht bei jedem Pieps auf, aber stundenlang schreien – das geht nicht und das machen wir auch nicht. Das sage ich euch gleich. Übrigens hoffe ich für euch, dass die Kleine nicht wieder so wund ist!”
“Nein, alles gut. Ihr macht das schon.” Lammfromm war mein Kind. Saskia knuddelte kurz ihr Töchterchen und dann gingen sie. Lucas war in Partystimmung. Alte Ängste krochen in mir hoch.

Es war wundervoll mit der kleinen Püppi. Wund war sie überhaupt nicht. Nach einem Spaziergang am nächsten Tag entschlossen wir uns, die Kleine zu Lucas zu bringen. Dann brauchten sie nicht extra zu uns zu kommen. Also fuhren wir zu ihnen. Lucas öffnete: "Was macht ihr hier? Es ist doch noch viel zu früh!" Er war ganz erschrocken: "Ist etwas passiert?"
"Nein, Lucas, es ist alles gut. Wir wollten euch nur einen Weg abnehmen", beruhigte ich ihn. Saskia kam dazu: "Kommt ruhig rein und seht euch an, was Lucas hier veranstaltet". Sie nahm die Kleine auf ihren Arm. Dass Lucas sehr sauer war, konnte man deutlich spüren. Wir traten ein und konnten nur noch sprachlos den Kopf schütteln. Irgendwelche Jugendliche saßen sichtlich angetrunken im Wohnzimmer, Musik lief laut und das Zimmer war voller Zigarettenrauch. "Lucas interessiert nichts mehr. Ich mache hier fast alles allein, auch mit der Kleinen. Er fängt genau wieder so an, wie es vor der Zeit mit unserem Baby war." Ich sah sie mit erschrockenen Augen an: "Oh nein, bitte nicht", flehte ich. Als ich ins Wohnzimmer kam, war mein Mann gerade dabei, auf Lucas einzureden: "Mit uns brauchst du nicht mehr rechnen. Am liebsten würden wir die Kleine wieder mitnehmen, das geht nur leider nicht, weil wir arbeiten müssen!"
"Ja, ja, meine Güte, übertreib doch nicht gleich wieder so", blaffte er und fläzte sich auf die Couch zu den anderen Jugendlichen. Saskia hatte ihre Tochter liebevoll im Arm und sagte zu uns: "Ich bekomme das hier hin, aber wenn Lucas so weitermacht, sehe ich keine Chance mehr für uns."
Das konnte ich so gut verstehen. Verächtlich sah Lucas seine Freundin bei ihren Worten an, sagte aber nichts. Es ging doch

nicht nur um Lucas, es ging doch hier um ein kleines, hilfloses Baby, verdammt noch mal. Ich sah ihn an und seufzte: "Lucas, Lucas ..."
"Ja, Mama, geht einfach wieder! Ihr seid so peinlich!" Kopfschüttelnd verließen wir die Wohnung. Ihre Beziehung stand auf der Kippe und wird das Baby richtig versorgt? Mein Gott, nicht schon wieder! Hört das denn nie auf? Soweit es in meiner Macht stand, war ich immer an ihrer Seite. Mein Mann und ich halfen den beiden, wo wir nur konnten. Wieder einmal beschlossen wir, uns von Lucas fernzuhalten. Dieses Vorhaben klappte vier Wochen.

***

An einem Sonntag, es war herrliches Wetter, wir saßen auf unserem Balkon und genossen eine Tasse Kaffee, klingelte das Telefon. Völlig aufgelöst war mein Sohn am Apparat: "Mama, kannst du kommen?", schluchzte er.
Ohne Überlegung fuhr ich los. Mein Mann konnte mich an dem Tag nicht begleiten, er wartete auf einen wichtigen Anruf von seiner Firma, die nahmen da keine Rücksicht, ob Sonntag oder Feiertag war. Wenn etwas Wichtiges anlag, wurde mein Mann angerufen.
Ich fand mein Kind herzzerreißend weinend auf seinem Sofa vor. Die kleine Maus lag auf ihrem Spieleteppich und zappelte und brabbelte zufrieden. Ihre Mama saß neben ihr und war voll und ganz mit ihrem Baby beschäftigt. Lucas zog mich in die Küche, weinend erzählte er mir: "Mama, ich weiß nicht mehr weiter. Ich schaffe das alles hier nur noch mit Alkohol. Ich

betrinke mich nicht, aber morgens und abends brauche ich schon zwei Gläser Wein. "
"Bitte?", fragte ich schockiert: "Bist du Alkoholiker?"
"Ich weiß es nicht, Mama."
Jetzt kam seine Freundin dazu: "Ihr hättet ruhig vor mir reden können. Lucas, denkst du, ich kriege das nicht mit? Weißt du, wie viel leere Flaschen ich schon gefunden habe? Und nicht an solchen Orten, wo leere Flaschen eigentlich sind. Nein, im Kleiderschrank, unter dem Bett und im Sideboard hinter den Tischdecken. Das ist doch nicht normal. Ich wollte schon mit der Kleinen zu meinen Eltern ziehen. So weit wollte ich jedoch noch nicht gehen und dir die Kleine entziehen. Meine Eltern interessieren sich ja sowieso nicht für mich, aber irgendwo würde ich schon unterkommen. Ich weiß, dass du sie über alles liebst. Aber ein kleines Kind, Alkohol und Partys, das geht nicht mehr gut. Wir können doch weggehen, deine Eltern nehmen die Kleine und sie machen das so gut, aber selbst da hast du ständig etwas auszusetzen. Niemand kann dir etwas recht machen. Ich werde da nicht mehr zuschauen!" Ganz ruhig waren ihre Worte. Lucas weinte.
"Was soll ich denn machen?", fragte er und sah sie verheult an.
"Dir Hilfe suchen!", kam es kurz von ihr.
"Ja, das will ich ja, aber ich weiß doch gar nicht, wie das geht."
Ich schaltete mich ein: "Ich schlage dir einen Termin bei den Anonymen Alkoholikern vor. Du musst herausfinden, ob du alkoholkrank bist. Dann suche dir einen Psychologen, aber das dauert bestimmt ein halbes Jahr, bevor du da einen Termin bekommst. So lange gehst du zu einem Psychiater und bekommst vielleicht Medikamente. Es muss doch einen Grund

haben, warum du erst einmal Alkohol brauchst, um in den Tag zu starten."
"Was soll ich denn bei einem Psychiater und Tabletten nehmen? Ich bin doch nicht bekloppt!"
"Nein, davon ist auch nicht die Rede. Aber Probleme hast du, sonst würdest du so nicht leben. Vielleicht hast du depressive Phasen oder irgendwas in der Art." Ich wusste es doch selbst nicht, aber ich dachte, jede Hilfe, die ein Mensch bekommen kann, sollte Lucas jetzt nutzen. Es konnte so ja nicht mehr weitergehen. Saskia nickte zustimmend: "Du hast die Wahl, Lucas. Entweder du suchst dir Hilfe oder ich bin weg. Ich liebe dich und ich will dir nicht wehtun, aber für meine Tochter lasse ich das hier nicht mehr zu."
"Ich verspreche es, ich kümmere mich gleich morgen, aber bitte, verlasst mich nicht alle." Wie ein Häufchen Elend saß Lucas in sich zusammengesunken da.
"Nein, uns musst du das nicht versprechen. DIR selbst musst DU das versprechen und nur du selbst musst das auch wollen", redete ich eindringlich auf ihn ein.
"Ich mache das!", versprach er. Lucas ging in die Küche und schüttete die angefangenen Weinflaschen aus, bat die anderen Jugendlichen, die Wohnung zu verlassen. Unter Johlen und Singen kamen sie dem nach. Gott, war ich froh, als die Meute draußen war. Lucas und Saskia nahmen sich in den Arm, er sagte zu ihr: "Du musst aber auch mal für mich da sein. Für die Kleine bist du eine wundervolle Mama, aber zu mir bist du so kalt. Na ja, nicht immer, aber wenn es mir psychisch schlecht geht oder ich weinen muss, interessiert dich das nicht. Ich würde mich freuen, wenn du mich in solchen Situationen mal in

den Arm nimmst und mich tröstest oder irgendwas. Aber du bist dann genervt und lässt mich allein."

"Ja, weil ich nicht weiß, was mit dir los ist und was ich dann machen soll. Für mich bist du immer der große, starke, durchtrainierte Typ. Scheinbar habe ich mich geirrt. Du bist innerlich zerrissen und manchmal noch ein Kind", sagte sie liebevoll zu ihm.

"Ich weiß es doch selbst nicht, Schatz, manchmal muss ich einfach so heulen oder habe auf nichts Lust. Dann ist mir alles zu viel. Ich weiß nicht, was das ist. Ich liebe euch beide so sehr, aber manchmal will mein Kopf etwas anderes als mein Herz. Ich habe keine Ahnung, was das ist", heulte er.

Betroffen sah ich zu den beiden: "Ja, da hat er schon recht. Lass ihn nicht links liegen, wenn es ihm schlecht geht. Ich weiß, wie das ist, Lucas' Vater war auch so. Das tut unbeschreiblich weh. Denn gerade in solchen Situationen braucht man seinen Partner an seiner Seite. Manchmal reicht es, einfach nur in den Arm genommen und festgehalten zu werden. Das Gefühl des Nichtalleinseins ist unendlich viel wert. Aber Lucas, genau aus diesem Grund brauchst du Hilfe."

Mehr wollte ich über Lucas' Vater nicht sagen. Er sollte selbst entscheiden, ob und wenn ja, wann er darüber mit ihr reden wollte. Vielleicht wusste sie auch schon etwas, ich weiß es nicht. Saskia versprach, mehr für ihn da zu sein. Etwas beruhigter fuhren wir nach Hause.

Am nächsten Nachmittag kam Lucas mit seinem Würmchen zu uns. Sofort hatte ich das altbekannte Herzrasen. "Ich habe einen Termin bei den Anonymen Alkoholikern. Das hat Saskia für mich gemacht. Einen Termin bei einem Psychiater habe ich morgen früh, beim Psychologen stehe ich auf einer Warteliste, das kann bis zu einem halben Jahr dauern."

"Super, Lucas, ich freue mich so für dich. Bitte sei ehrlich und erzähle alles, was dir auf der Seele liegt. Nur so kann dir geholfen werden."

Alles wollte ich daran setzen, dass er das schaffen würde. Mein Mann stand ebenso hinter ihm wie ich.

Eine Woche später berichtete uns mein Sohn, dass er in zwei Wochen einen Termin in einer Tagesklinik bekommen hatte. Sechs Wochen sollte er dort ambulant behandelt werden. Unser Hausarzt hat sich dafür eingesetzt, von daher brauchte Lucas nicht so lange zu warten. Einmal in der Woche ging er zu den Anonymen Alkoholikern. Es ergab sich, dass Lucas kein Alkoholiker, sondern alkoholgefährdet war.

Vor der Tagesklinik hatte Lucas unbeschreibliche Angst. So viele fremde Menschen, die machten ihm Angst. "Wenn die mich nicht leiden können, was …" Ich ließ ihn nicht ausreden.

"Quatsch, Lucas, ein bis zwei Leute werden schon dabei sein, mit denen du dich verstehen wirst. Vielleicht wird es besser, als du denkst."

"Hmhm", nickte er, aber die Angst in seinen Augen war nicht zu übersehen. Gleich am ersten Tag nach der Tagesklinik kam er gut gelaunt zu uns und sprang durch den Flur bis in meine Arme: "Mama, das ist toll da. Alles so nette Leute. In einer Woche habe ich meine erste Einzeltherapie mit einem Psychologen, ansonsten jeden Tag Gruppentherapie, Ergotherapie und Sport. In den Pausen habe ich mich gleich mit drei Mitpatienten angefreundet, die richtig nett sind. Hoffentlich bleibt es so.

Mit denen kann ich über alles reden", strahlte er.
Ich spürte ganz deutlich, wie sehr mein Sohn immer noch unter dem Mobbing während seiner Ausbildungszeit litt. Das konnte ich sehr gut nachvollziehen. Ich wurde als Kind auch schwer gemobbt, das habe ich bis heute nicht vergessen und habe bis heute Angst vor allem Neuen, wo fremde Menschen auf mich treffen. Ich habe immer Angst, dass sie mich verachten, mich nicht leiden können und einiges mehr. Lucas wurde gemobbt und hatte von klein auf einen gewalttätigen Vater und eine Mutter, die an der Situation nichts änderte. Mein Sohn hatte schon ein Päckchen mit sich zu tragen, das er aufarbeiten musste. Scheinbar war er jetzt auf dem richtigen Weg. Ich habe Lucas noch gebeten: "Bitte sprich auch über deine Aggressionen, das muss auch einen Grund haben." Er versprach es mir.
Eines Nachmittags bummelte ich zwei Überstunden ab und entschloss mich, Lucas in der Tagesklinik zu besuchen. Das war zum Glück erlaubt. Ich fand eine heitere Umgebung um meinen Sohn vor. Es erfüllte mich mit Freude. Lucas begrüßte mich fröhlich und stellte mir gleich seine neuen drei Freunde (Mitpatienten) vor. Ich dachte schon langsam über das Ende unseres Albtraumes nach. Die Finanzen meines Sohnes liefen über einen Schuldenberater und seine Psyche schien hier in guten Händen zu sein. Über die nächsten Wochen beobachteten wir eine emotionale Wandlung bei Lucas. Er wirkte ausgeglichener und war wieder der offene, fröhliche Mensch wie früher. Das passierte natürlich nicht von jetzt auf gleich. Es dauerte alles seine Zeit, aber es wurde zusehends besser. Wenn er jedoch Einzeltherapie hatte, war er an diesen Tagen kaum zu gebrauchen. Lucas war dann völlig in sich gekehrt, weinte viel

und wollte niemanden, außer Saskia und seine Tochter, sehen. Wir konnten das sehr gut verstehen, wussten wir doch, welche schwere Kinderzeit Lucas hinter sich hatte. Würde ich es können, würde ich ihm die ganzen fürchterlichen und schrecklichen Geschehnisse aus dem Kopf schneiden. Aber er machte Fortschritte. Die Wohnung war wieder sauber, er trank keinen Tropfen Alkohol und kümmerte sich rührend um sein Töchterchen.

Was wollte ich mehr? Nein, mehr wollte ich nicht. Lucas sollte für sein Kind ein guter Papa und mit seinem Leben glücklich sein. Vielleicht fand er ja irgendwann wieder einen Job, denn den hatte er verloren.

Doch es wäre zu schön, wenn sich jetzt alles zum Guten wenden würde.

***

Die Zeit in der Tagesklinik war vorbei. Wir versuchten, Lucas in allem zu unterstützen, wo wir konnten. Am Anfang lief das auch alles wunderbar. Ich weiß, dass es in der Tagesklinik bei den Einzeltherapien viel um seine Kindheitserinnerungen ging. Wenn er doch nur nicht so viele schreckliche Erlebnisse in seiner Kindheit hätte machen müssen. Von dieser Schuld würde und werde ich mich niemals freisprechen können. Ich war froh, dass mein Sohn darüber geredet hatte und der Psychologe ihm hoffentlich genügend Tipps und Verhaltensweisen aufgezeigt hatte, damit besser umzugehen.

Einige Wochen nach seinem Klinikaufenthalt stand Lucas mit seinem Töchterchen vor unserer Tür: “Mama, mit mir und Saskia ist es vorbei. Wir wollen beide die Beziehung nicht mehr. Ich kann die Wohnung aber nicht allein halten, was soll ich denn jetzt machen?” Lucas wirkte sehr gefasst.
“Und die Kleine?”, wollte ich wissen.
“Sie soll erst mal bei mir und euch bleiben. Ich verrate euch nämlich mal etwas: Saskia hat mehr Drogen genommen als ich. Sie stellte sich immer hin, als wäre sie die Supermama, aber das war sie überhaupt nicht. Nur vor euch. Nicht einmal vor ihren Eltern konnte sie verbergen, wie genervt sie von der Kleinen war.”
“Und jetzt? Was soll jetzt passieren?”, fragte ich.
“Ich gehe morgen zum Jugendamt. Saskia will es auch so, da sollte es keine Schwierigkeiten geben, hoffe ich. Kann ich mit der Kleinen erst mal bei euch wohnen?”
“Ja klar, kannst du das, aber du musst dich um alles kümmern, das musst du uns versprechen!”, forderte mein Mann.
“Ja, das mache ich schon.”
Das waren so Lucas’ Lieblingssätze, wie: “Ja, ich mache das schon” oder “Ja, wir machen das schon” usw. Leider ging das nie gut, eher ging es immer nach hinten los. “Ich mache das schon” war so oft eine leere Floskel.

Meine Gedanken kreisten jetzt um Saskia. Welche Mutter hat denn keinerlei Interesse an ihrem kleinen Kind? Unvorstellbar! So ein kleines Wesen braucht doch seine Mama. Saskia gab einfach so die Kleine her. Waren ihr die Drogen wirklich wichtiger als ihr Töchterchen? Unfassbar!

Was muss in ihrer Kindheit alles schiefgelaufen sein? Ihre Mutter kümmerte sich auch wirklich gar nicht um sie, unterstützte sie nicht bei dem Baby und überhaupt war sie nie für ihre Tochter da. Traurig!

Lucas fand sein Zimmer unverändert vor. Es stand jetzt nur noch ein Babybettchen darin. Am nächsten Tag holte mein Mann die Einrichtung des Kinderzimmers aus der Wohnung und verwandelte unser Gästezimmer ruckzuck in ein süßes Babyzimmer. Die Wände waren weiß gestrichen, sodass wir uns diese Arbeit nicht machen brauchten. Lucas und die Kleine würden ja nicht auf Ewigkeiten bei uns wohnen. Wir machten uns große Sorgen, wie es weitergehen sollte. Lucas stand da ohne Job mit einem kleinen Kind. Wir würden ihn unterstützen, wo wir konnten, aber er musste endlich wieder auf eigenen Beinen stehen.

Die Wohnungsauflösung bekamen die beiden aber sehr gut hin. Das lief alles ohne Probleme. Saskia hatte schon einen neuen Freund, zu dem sie sofort hinzog. Ich war sprachlos. Das muss man sich einmal vorstellen: Eine junge Frau hat einen Freund und ein kleines Baby. Drogen und Partys sind jedoch wichtiger als das eigene Kind. Wer weiß, was sie jetzt für einen Typen hatte. Ich befürchtete das Schlimmste, aber das ging mich nichts an. Ich dachte an meinen Sohn und an mein Enkelkind.

Je mehr Zeit verging, desto mehr nahm mein Sohn alte Gewohnheiten wieder auf. Er begann wieder, die alten Wege ein-

zuschlagen. Unser kleines Enkelchen wurde fast nur noch von uns umsorgt und beschäftigt. Ihre ersten kleinen Schrittchen lernte sie bei uns. Die Kleine wuchs glücklich und fröhlich heran, aber Lucas trug wenig dazu bei. Zugegeben, er kümmerte sich um einen Krippenplatz. Den hatte er auch schnell gefunden. Ansonsten hielt er sich aus fast allem heraus. Eines Abends knöpfte mein Mann ihn sich vor:
"Sag mal, Lucas, wie stellst du dir das denn hier weiter vor? Wir ziehen deine Tochter groß und du machst dir ein schönes Leben? Kommst und gehst, wann du willst?"
"Nicht schon wieder Predigten. Ich mache doch gar nichts Schlimmes", protestierte er.
"Doch Lucas, du hast ein Kind, um das nur deine Mama und ich sich kümmern. Wo bist du in ihrem Leben? Sie braucht doch ihren Papa. Wenn sie schon keine gescheite Mama hat. Gott, die arme kleine Maus." Inständig versuchte mein Mann, ihn emotional zu erreichen. Keine Chance! Er kam nicht zu ihm durch. Lucas machte dicht.
Ich kam dazu: "Kümmere dich auch mal langsam um einen Job und um eine eigene Wohnung. Das kann ja kein Dauerzustand hier sein. Die Kleine geht bald in die Krippe, da kannst du arbeiten gehen!"
"Jaaa", antwortete er genervt.
Vom Arbeitsamt bekam er etwas Geld. Da er damit nicht auskam, bekam er von uns noch zusätzlich etwas dazu. Ja, so blöd waren wir. Das lag an mir. Ich wollte einfach nicht, dass er auf so viel verzichten musste. Lucas konnte sich kaum etwas leisten, deshalb wollte ich ihm etwas helfen. Das war ein sehr großer Fehler, das weiß ich auch heute, aber damals war ich viel

zu blind für alles um Lucas. Er nutzte seit Jahren meine Gutmütigkeit und mein schlechtes Gewissen und meine Schuld ihm gegenüber schamlos aus. Ich erkannte es nicht. Diese Erkenntnis kam erst später in kleinen Schritten bei mir an.

Lucas zog sich immer mehr von uns zurück. Er war grundsätzlich außer Haus. Wenn wir nach Hause kamen, übergab er uns seine Tochter und verschwand. Nachts um drei oder um vier fiel er in sein Bett. Unsere anfängliche Enttäuschung über die erneute negative Entwicklung wich einer immer stärker werdenden Wut gegen ihn: "Du tust aber auch nichts Sinnvolles! Such dir Arbeit und kümmere dich um deine Tochter! Mit wem treibst du dich denn jede Nacht herum?" Lucas antworte vage auf unsere Fragen. Er meinte natürlich, wir sähen Gespenster und übertrieben alles. Meinem Mann und mir wurde sein Verhalten unerträglich. Am liebsten hätten wir ihn aus der Wohnung geworfen! So ging es die nächsten Wochen unverändert weiter.

Als wir einige Wochen später von der Arbeit kamen, trauten wir unseren Augen nicht. Unser Wohnzimmer war voll von angetrunkenen Jugendlichen, mittendrin mein Sohn. Sie tranken und johlten. Einer schien primitiver als der andere zu sein. Ich bat sie, etwas leiser zu sein, da grölten sie und lachten mich aus. Die kleine Maus war zum Glück in ihrem Zimmer, aber es sah auch niemand nach ihr. Das machte ich als Erstes. Ich rannte zu der kleinen Maus, sie spielte ganz süß mit ihrer Babypuppe. Ich versprach ihr, gleich wieder zu ihr zu kommen und ging zurück ins Wohnzimmer.

Mein Mann tobte: "Raus hier! Aber sofort!" Niemand rührte

sich. Teilnahmslos saß Lucas auf dem Sofa.
“Raus, habe ich gesagt! Raus! Sonst rufe ich die Polizei!” Mein Mann war außer sich. Langsam erhob sich die betrunkene Meute. Einer kam auf mich zu: “Nicht gleich die Bullen rufen, Schätzchen.” Angewidert drehte ich mich weg. Als endlich alle raus waren, stand Lucas wütend auf und schrie uns an: “Ihr seid so peinlich. Ihr könnt doch nicht meine Freunde rauswerfen!”
“Oh doch, junger Mann, das können wir!”, schrie mein Mann zurück.
Lucas benahm sich wie ein pubertierendes Kind und nicht wie ein erwachsener, junger Mann.
Mein Mann schimpfte weiter: “Wer ist hier peinlich? Du bist peinlich! Du räumst hier sofort auf, sonst …!“ Weiter kam er nicht, Lucas unterbrach ihn provozierend: “Sonst?”
Er sagte jetzt aber nichts mehr. Lucas räumte Gläser und Flaschen weg, mein Mann kümmerte sich um die Kleine. Ich lüftete alles durch und kochte uns erst einmal einen Kaffee. Mit Lucas war heute sowieso nicht mehr zu reden. Das verschoben wir auf morgen.
Ich konnte es nicht fassen. Alles war gut und jetzt fing Lucas wieder mit seiner Respektlosigkeit und seiner egoistischen Vergnügungssucht an? Verschwendete er noch einen Gedanken an sein Töchterchen? Ja, er spielte manchmal mit ihr. Aber essen, baden, Bettchen, Geschichte vorlesen oder ein Gute-Nacht-Lied singen erledigten alles mein Mann und ich. Lucas war nur unterwegs.

Ohne lange Vorrede und ohne Einwände abzuwarten, drohten

wir Lucas, ihn auf die Straße zu setzen, wenn er noch ein einziges Mal fremde, verkorkste Jugendliche in unsere Wohnung lassen würde und diese in eine Partyhöhle verwandeln sollte.
"Ja, ihr habt ja recht. Das mache ich nicht wieder."
"Und dein Töchterchen?", wollte ich wissen.
"Ich weiß, ich muss mich mehr um sie kümmern."
Mein Mann sprang auf: "Mehr um sie kümmern? Ausschließlich musst du dich um sie kümmern. Du hast so eine süße Tochter … mein Gott …" Mein Mann wusste nicht mehr weiter. Plötzlich lachte Lucas: "Als ob ihr mich auf die Straße setzen würdet. Das macht ihr schon wegen der Kleinen nicht", triumphierte er. An Dreistigkeit war er nicht mehr zu überbieten.
"Und ob wir das machen. Die Kleine bleibt dann hier bei uns und du kannst sehen, wo du bleibst. Mehr sage ich dazu nicht mehr!", tobte mein Mann. Lucas sah betreten zu Boden und sagte nichts mehr. Der Abend verlief dann ganz ruhig. Jeder von uns war mit seinen Gedanken beschäftigt.
Es war die absolute Hölle. Wir kamen gar nicht mehr zum Nachdenken. Alles drehte sich um Lucas, um seine Probleme, seine Geldsorgen, seine Vergnügungssucht und seine Respektlosigkeit.

Eines Nachmittags erwartete uns Lucas mit einem gedeckten Kaffeetisch. Die kleine Maus saß auf seinem Schoß und sie alberten. Instinktiv wurden wir misstrauisch. Was konnte das bedeuten? Wollte er uns nur eine Freude machen? Wir versuchten, uns unsere Abwehrhaltung nicht anmerken zu lassen. Nach kurzem Herumdrucksen kam Lucas zur Sache: "Wisst

ihr, ich würde gern ausziehen. Ich habe eine neue Freundin, die wohnt allein. Ich könnte sofort zu ihr ziehen. Dann bräuchte ich keine Kaution und die Miete würden wir uns teilen. Ich will euch auch nicht mehr auf die Nerven gehen. Ich soll ja auch selbstständig sein, das predigt ihr mir ja immer", erwartungsvoll sah er von einem zum anderen.
"Und die Kleine?", fragte ich vorsichtig.
"Na, sie kommt natürlich mit."
"Wir können dir nichts mehr vorschreiben, du bist schon lange volljährig, aber gleich zu einem fremden Mädchen ziehen und das auch noch mit einem Kleinkind? Ich weiß nicht."
"Mama, mach dir keine Sorgen. Sie ist anständig und ist auch rührend mit der Kleinen. Die haben sich schon kennengelernt." An meinen Mann gewandt fragte Lucas: "Hilfst du mir mit den Möbeln von der Kleinen?"
"J … ja … j … klar …", stotterte mein Mann. Wir waren total überrumpelt. Ich wusste nicht, ob ich mich freuen sollte. Meinem Mann erging es genauso. Da wir die neue Freundin von Lucas nicht kannten, wussten wir nicht, wohin seine Reise dieses Mal gehen würde. Inständig hoffte ich, dass es eine anständige, junge Frau sein würde.
"Ach so …", redete Lucas weiter: "Übrigens geht sie arbeiten, falls euch das interessiert. Und ich habe am kommenden Montag ein Vorstellungsgespräch", strahlte er.
"Ja, wenn du meinst, es ist alles richtig so, dann mach", sagte ich leise. Ich traute der ganzen Sache überhaupt nicht.

Lucas war überrascht über unsere sofortige Zustimmung. Aber was hätten wir auch anderes tun sollen? Wir hatten doch gar keine Wahl. Mit Lucas vernünftig reden war nach wie vor unmöglich. Es ging nur so lange gut, wie wir ihn unterstützten und ihm rechtgaben. Sollten wir anderer Meinung sein, wurde er aufbrausend und respektlos. Also ließen wir das. Aber um mein Enkelchen hatte ich unbeschreibliche Angst. Würde sich Lucas gut um sie kümmern? Unterstützte ihn seine neue Freundin auch wirklich? Ist es eine Partymacherin, die gern trinkt? Dann würde Lucas weiter abrutschen?
So viele Fragen schossen durch meinen Kopf und sie waren immer da. Nachts, am Tag, bei der Hausarbeit, bei meinem Dienst – einfach überall.
Aus Erfahrung wussten wir, wenn er sich einmal etwas in den Kopf gesetzt hatte, dann konnte ihn auch nichts und niemand davon abhalten.

Also zog er ein paar Tage später zu seiner neuen Freundin. Als mein Mann vom Umzug nach Hause kam, beruhigte er mich etwas. Die junge Frau schien ganz in Ordnung zu sein. Sie hat rührend die Kleine begrüßt und ihr ein Spielzeug geschenkt und meinem Mann hat sie fleißig geholfen. Aber wie heißt es so schön: "Neue Besen kehren gut." Ich hoffte, dass der Spruch keine Bedeutung hatte und Lucas wirklich den richtigen Weg gefunden hatte. Ich fürchtete einerseits, dass er wieder zu Alkohol und Drogen griff, andererseits war ich aber auch ganz froh, dass Lucas ausgezogen war. Ich wollte mit meinem Mann endlich einmal zur Ruhe kommen. Aber ob ich das konnte? Die größten Sorgen machte ich mir um unsere kleine Prinzessin.

Sie fehlte uns jetzt schon. Ich kann nicht beschreiben, wie leer es plötzlich in unserer Wohnung war. Das Brabbeln, das Herumkrabbeln, ihr Toben und ihr Strahlen fehlten uns unsagbar. Die ersten Nächte weinte ich mich in den Schlaf, wenn ich denn Schlaf fand. Das gab es nicht so oft. An Schlafstörungen litt ich schon mein Leben lang. Kein Wunder, bei dem, was ich schon alles durchmachen musste.

***

So lebten wir unser Leben mit den Sorgen um Lucas. Mich interessierte nichts mehr, ich hatte zu nichts mehr Lust. Einfach mal lachen, sorglos tanzen, sich um nichts kümmern – das kannte ich gar nicht mehr. Ich war einfach nur noch durchwegs traurig und missmutig.

Eines Tages sagte mein Mann zu mir: “Schatz, weißt du, was mir schon lange durch den Kopf geht?” Ich sah ihn fragend an.

“Ich glaube, auch du brauchst Hilfe. Du musstest so viel schlimme Sachen durchleben, die reichen für drei Leben. Du gibst dir die Schuld für Lucas’ Versagen. Das ist doch nicht richtig. Schlafen und Essen kannst du auch nicht richtig. Bitte Schatz, lass dir helfen. Ich unterstütze dich, wo ich kann.”

Mir kamen die Tränen. Ja, er hatte recht. Leider musste ich viele schreckliche Dinge erleben. Ich verschloss sie alle ganz tief in mir, wollte sie erst gar nicht hochkommen lassen. In meinen Träumen suchten sie mich jedoch regelmäßig heim und auch in meinem Verhalten. Ich hatte oft Panikattacken, immer noch Flashbacks, ich zitterte sofort bei jedem kleinen Problem. Ja und Lucas gegenüber? Ich verzieh ihm fast alles, immer im

Rückblick auf seine Kindheit. Er musste wegen mir auch so viel schreckliche Sachen miterleben, so viel Gewalt, dass ich alles, was er auch für Schlimmes tat, damit immer entschuldigte, nie konsequent sein konnte und seine Respektlosigkeit immer wieder hinnahm. Das konnte nicht normal sein, dessen war ich mir auch bewusst, aber ändern konnte ich nichts daran. Hilfe suchen? Ja vielleicht sollte ich das wirklich tun, aber war ich so weit? Einem fremden Menschen die schlimmen Sachen, die mein Vater mir antat, erzählen, die fürchterliche Gewalt schildern? Jedes Detail der schrecklichen Gewalt- und Missbrauchsspirale meines Ex-Mannes ausbreiten? Nein, das konnte ich nicht.

Jetzt musste ich mich erst einmal daran gewöhnen, dass es bei uns kein Kinderlachen mehr gab, alles sehr ruhig war. Ich stand jedoch immer unter höchster Anspannung. Jeden Moment konnte eine Nachricht oder ein Anruf von Lucas kommen mit neuen Katastrophen oder Hiobsbotschaften. Diesen Zustand wünsche ich keiner Mutter, keiner Oma, keinem Opa und überhaupt keinem Menschen. Es ist furchtbar.
Doch!! Wenn ich genau darüber nachdenke, gibt es Menschen, denen ich alles Schlechte wünsche. Nämlich Kinderschändern, Vergewaltigern und Menschen, die Kindern und Frauen gegenüber gewalttätig sind. Kein Kind, keine Frau und auch kein Mann hat es verdient, geschlagen zu werden.

Wir lebten uns langsam in unsere neue Situation ein. Lucas meldete sich nicht so oft, so gingen wir davon aus, dass alles in Ordnung war. Manchmal brachte er uns die Kleine für einen

Nachmittag vorbei. Es war so toll, mit der kleinen Maus Zeit zu verbringen. Wir liebten den kleinen Schatz unendlich doll. Lucas hatte wieder einen Job und war dann ganz froh, mal einen Nachmittag "kinderfrei" zu haben. Alles in allem lief gerade alles wunderbar.

Nur meine Gedanken nicht. Ich hatte vor jedem neuen Tag Angst. Es könnte so viel passieren. In ruhigeren Momenten, wenn ich realistisch nachdachte, erkannte ich, dass ich viel zu nah an Lucas dran war und viel zu nah an seinen jeweiligen Problemen. Ich wurde in den Abgrund gerissen, und obwohl ich mir dessen bewusst war, konnte ich es nicht ändern. Lucas nahm seit Jahren immer mehr Raum in meinen Gedanken ein. Bei jedem Telefonat, jeder Nachricht, wo Lucas' Nummer zu sehen war, begann ich am ganzen Körper zu zittern und mein Körper verspannte sich komplett. Wenn ich versuchte zu lesen, ertappte ich mich dabei, dass ich die Seiten umblätterte, ohne den Inhalt des Gelesenen zu erfassen. Ähnlich erging es mir mit dem Fernseher. Lucas beschäftigte mich ständig und mir selbst ging es immer schlechter. Die ganze Atmosphäre zwischen mir und meinem Kind war wie vergiftet. Ich beschloss, dass ich eine Pause brauchte und rief meinen Sohn an: "Hallo Maus, ist alles in Ordnung bei dir?"
"Ja, Mama, alles gut." Seine Stimme hörte sich fröhlich an. Da war ich schon viel ruhiger.
"O. k., Lucas, dann gib mir mal etwas Zeit für mich, um etwas zur Ruhe zu kommen. Ich muss wieder zu mir kommen. Es ist so viel passiert, ich bestehe nur noch aus Angst, was als Nächstes für Hiobsbotschaften von dir kommen. Drücke die Kleine

ganz fest von uns. Du kannst sie natürlich jederzeit vorbeibringen."

"Ja, Mama, ich bin ja so böse. Nur Ärger hast du mit mir. Weißt du was? Dann hab doch deine Ruhe!", sprach er aufgebracht und legte auf. Daraufhin wollte ich ihm eine Nachricht schreiben, aber er hatte mich blockiert, sodass es nicht möglich war. Ich war fassungslos. Kein Fünkchen von – wenn auch nur ein kleines bisschen – Selbstkritik war bei Lucas in den letzten Jahren zu spüren. So wie jetzt, einfach nur beleidigt sein und dann ist es für ihn erledigt. Ich muss es noch einmal sagen, er benahm sich wie ein 13-jähriger Teenie und nicht wie ein erwachsener junger Mann. Ich wollte doch nur etwas Ruhe. Mein Sohn sah nicht ein, dass die letzten Jahre die Hölle für uns waren. Was sollte ich jetzt tun? Ich konnte nichts tun, musste es so hinnehmen. Ab jetzt wusste ich nicht einmal mehr, wie es unserer kleinen Prinzessin ging und das tat richtig weh. Ich hoffte so sehr, dass Lucas sich wieder besann und mich wenigstens ein kleines bisschen verstand.

"Das hält er nicht lange durch, Schatz. Du wirst sehen, sobald er wieder ein Problem hat, steht er vor der Tür", sagte mein Mann nur noch dazu.

"Ja und genau das will ich ja nicht mehr. Er kommt nur, wenn er Probleme hat oder ich immer nur nett bin und alles, was er an Katastrophen bringt, hinnehme und ihm helfe."

"Dann musst du lernen, etwas strenger zu sein und nicht immer helfen. Im Übrigen musst das nicht nur du lernen, ich muss das auch. Auch ich helfe immer, höre ihm zu, gebe ihm Ratschläge und habe Angst um dich. Wir schaffen das nicht mehr. Wir gehen daran zugrunde."

Mit den besten Vorsätzen wollten wir uns ändern. Wir wollten nicht mehr Lucas' Spielball sein.

Die nächsten Tage waren sehr quälend für mich. Eigentlich wollte ich es ja so, dass er sich nicht meldete, ich wollte zur Ruhe kommen, aber so? Es war ein Teufelskreis. Ich wollte nicht, dass er sich meldete, aber wenn er sich daran hielt, wurde ich fast verrückt, wenn ich nicht wusste, ob alles in Ordnung bei ihm war.

Wir hatten bald Weihnachten. Wollte er da auch nicht mit mir reden? Durften wir unsere Enkelin an Weihnachten nicht sehen? Trotz allem stürzte ich mich in die Vorbereitungen für das Fest der Liebe. Ich kaufte verschiedene Leckereien, eine Gans und Geschenke ein. Dekoriert hatte ich alles schon vor der Adventszeit. Das liebte ich. Überall standen Kerzen und es funkelte und glitzerte in allen Zimmern weihnachtlich. Wenn ich dekorierte, war ich in meiner Welt.
Drei Tage vor Weihnachten meldete sich Lucas: "Mama, feiern wir Weihnachten bei euch? Wenn ja, darf ich meine Freundin mitbringen?"
"Ja natürlich feiern wir Weihnachten bei uns und ja, du kannst deine Freundin mitbringen. Hast du dich wieder beruhigt? Willst du mich jetzt jedes Mal blockieren, wenn dir etwas nicht passt, was ich sage?"
"Nee, ist ja gut. Also bis in drei Tagen, Mama."
Jetzt stürzte ich mich mit Freude in die Vorbereitungen. Ich packte alle Geschenke liebevoll ein, kochte, backte Kuchen. Alkohol sollte es nicht geben, nur ein Glas Sekt zum Anstoßen.

Da machte ich die Rechnung jedoch ohne Lucas. Sie brachten Bier und Wein mit. Ich wollte nichts dazu sagen, scheute mich vor einer Auseinandersetzung mit meinem Sohn. Es wurde trotzdem ein schöner Heiligabend. Lucas wirkte freundlich und geduldig. Er sagte sogar: "Ich freue mich, mal wieder bei euch zu sein." Wow, mein Sohn konnte auch so etwas sagen. Doch meine Stimmung war etwas betrübt und nicht ganz frei von Sorgen. Es war zwar gerade alles in Ordnung, aber die Angst vor neuem Kummer belastete mich ausschließlich.
Jedoch brachte uns das Weihnachtsfest wieder etwas näher durch Gespräche, gemeinsame Spiele und das gute Essen. Ich beobachtete aber auch besorgt, dass Lucas dem Wein sehr zusprach. Seine Freundin trank nichts, sie war die Fahrerin an diesem Abend. Die Stimmung war sehr gut und darauf schob ich es, dass Lucas etwas mehr trank. Ich hatte ja immer für alles eine Entschuldigung – leider.
Lucas' Freundin wirkte sympathisch, aber irgendetwas störte mich an ihr. Ich kann nicht sagen, was mich sehr vorsichtig im Umgang mit ihr machte, aber das sollte ich noch erfahren.
Unsere kleine Maus war ganz aufgeregt. Sie konnte die Zeit bis zur Bescherung kaum abwarten. Es war so niedlich, wenn sie immer nach dem Weihnachtsmann fragte. Ich glaube, da sind alle Kinder gleich.
Am ersten Festtag waren die drei bei ihren Eltern eingeladen, wir waren bei meiner Mutter. Die Eltern meines Mannes lebten nicht mehr, ich lernte sie gar nicht kennen.
Am zweiten Festtag hatten wir nichts Bestimmtes vor. Wir schliefen lange aus, frühstückten ausgiebig. Mein Mann schlug vor, etwas raus in die Natur zu fahren und spazieren zu gehen.

“Lass uns doch die kleine Maus mitnehmen und rodeln gehen”, rief ich erfreut. Mein Mann nickte fröhlich und ich rief gleich Lucas an und fragte, ob die Kleine mit darf.
“Ja klar, wann kommt ihr?”
“Gleich, in ca. zehn Minuten.”
“Oh … ja gut, ich ziehe sie gleich an.”
Ganz aufgeregt war die Kleine im Auto. Angekommen am Rodelberg, der schneesicher war, liehen wir uns einen Schlitten und los ging es. Es war ein wunderschöner Tag im Schnee. Immer wieder sausten wir den Berg hinab, machten eine Schneeballschlacht und tranken heißen Kakao mitten im Wald an einem Büdchen. Ganz rote Wangen hatte unsere Prinzessin. Als wir die Kleine zu Hause ablieferten, schlief sie tief und fest. Mein Mann trug sie herein, sie wurde nicht einmal wach, als Lucas sie auszog.
“Was habt ihr denn mit meinem Kind gemacht?”, lachte Lucas.
“Deine Tochter ist die Rodelkönigin”, lachte mein Mann zurück.
Wir verabschiedeten uns und fuhren glücklich nach Hause. Warum konnte es nicht immer so sein? Lucas war friedlich, eher sogar richtig freundlich zu mir und wir hatten einen wundervollen Tag mit unserer Enkelin. Weihnachten war vorbei, Silvester waren wir, wie jedes Jahr, bei Freunden. Für das neue Jahr wünschte ich mir, dass es so gut verlief, wie das alte Jahr aufgehört hatte. Denn die letzten Wochen waren wunderschön. Leider sollte alles anders kommen.

***

Lucas besuchte uns wieder öfter mit seiner Freundin und seinem Töchterchen. Es war immer verhältnismäßig gut. Man musste jedoch genau aufpassen, was man sagte, denn Lucas kochte immer noch sehr schnell hoch. In den letzten Wochen wurde er jedoch immer stiller. Auf die Frage, was denn los sei, kam nur ein "Nichts". Mehr sagte er nicht dazu.

An einem Sonntagabend, als die drei nach Hause fuhren, stellte mein Mann fest, dass jemand an unserem Schrank war, in dem wir unsere Geldkassette aufbewahrten. Wir legten jeden Euro zur Seite und sparten so unseren jährlichen Urlaub zusammen.
"Schatz, hast du Geld aus der Kassette genommen?", fragte er mich.
"Nein, warum auch? Und wenn, hätte ich dir das doch gesagt."
"Weil einhundert Euro fehlen."
"Was? Quatsch!" Ich rannte hin und zählte das Geld. Tatsächlich fehlten einhundert Euro. "Haben wir uns vielleicht verzählt? Vielleicht waren ja von Anfang an einhundert Euro weniger darin und wir haben uns total vermacht."
"Du weißt genau, dass das nicht so ist!", sagte er und das stimmte.
Lucas!!, war mein erster Gedanke.
"Lucas!", sprach es mein Mann auch schon aus.
Ich rief ihn sofort an und er gab es auch gleich zu. Es tat ihm leid, er wusste keinen anderen Ausweg. Bestiehlt uns jetzt das eigene Kind? Mehr Vertrauensbruch kann es nicht mehr geben. Am nächsten Tag kam er und entschuldigte sich. Lucas hatte für seine Freundin und seine Tochter Weihnachtsgeschenke online bestellt und konnte sie nun nicht bezahlen.

“Du bestiehlst uns? Eiskalt? Du hättest doch mit uns reden können!”
“Ich wollte sie nächsten Monat heimlich wieder dazulegen. Dann wäre es gar nicht aufgefallen.”
“Ach so”, tobte mein Mann: “Du meinst, du kannst dich daran bedienen, wie du gerade etwas brauchst? Dann wieder hineinlegen, was du sowieso nie machen würdest?” Gott, war mein Mann sauer, ich war es auch, aber mich machte die große Enttäuschung sprachlos. Ich brachte kein Wort heraus, schüttelte nur resigniert den Kopf. Lucas begriff gar nicht, was das für ein Vertrauensbruch und auch für ein emotionaler Schaden war.
“Lucas, das hat etwas mit Vertrauen zu tun”, sagte ich schwach.
“Ja, Mama, es tut mir leid.”
Seine Freundin sagte zu allem kein Wort. Ich habe keine Ahnung, ob sie geschockt war oder ob sie es wusste. Er musste uns versprechen, nie wieder an unsere Sachen zu gehen. Das tat er und so war die Sache erledigt.
“Ich gebe euch die hundert Euro so schnell wie möglich zurück.”
“Brauchst du nicht”, entgegnete ich.
Mein Mann sah mich verständnislos an, sagte aber nichts. Ich konnte mal wieder nicht anders. Ich wusste doch, dass Lucas nicht so viel Geld hatte und mit Geld umgehen konnte er auch nicht wirklich. Was hätte ich tun sollen? Zu diesem Zeitpunkt konnte ich nicht anders.

Mein Mann und ich hatten wunderschöne, wertvolle, goldene

Eheringe. Sie waren sehr teuer. Er trug ihn wegen seiner Arbeit nicht.
Einige Monate nach dem Vorfall mit dem Geld wollte ich unser Urlaubsgeld zählen. Neben der Geldkassette stand ein kleines Kästchen, wo wir den Ring aufbewahrten. Da ich einen Tick hatte, dass alles immer genau gerade stehen musste, fiel mir sofort auf, dass das Kästchen schief stand, mit der Ecke nach vorn. So etwas gab es bei mir nicht. Ich öffnete die kleine Schachtel und war entsetzt – der Ring war weg! Meine Hoffnung war jetzt nur noch, dass mein Mann den Ring jetzt am Wochenende tragen wollte. Ich raste in die Küche, nahm seine Hände und sah – NICHTS! Kein Ring am Finger meines Mannes. "Hey, hey, Schatz, warum bist du denn so stürmisch?", lachte er. "Dein Ring ist weg!", sagte ich aufgebracht.
"Waaaas? Nein, das ist jetzt nicht wahr."
Er raste hoch und sah das leere Kästchen. Wir räumten gemeinsam den Schrank aus, sahen überall nach, er war spurlos verschwunden. Sofort hatten wir meinen Sohn im Verdacht. Wieder gab er es sofort zu. Er hatte den Ring genommen, ihn verkauft und so seine Schulden bezahlt. Sie gingen beide arbeiten, warum musste er uns bestehlen, um Schulden zu bezahlen? Das sagte er uns jedoch nicht. Lucas erzählte irgendwas, sagte auch, dass es ihm unsagbar leid tue und er versprach, es nie wieder zu tun. Mein Mann war so bitter enttäuscht, dass er ihm Hausverbot erteilte. Ich stand unter Schock.
Abends im Bett versuchte ich, noch einmal mit ihm zu reden: "Schatz, wenn Lucas nicht mehr kommen darf, dürfen wir die Kleine bestimmt auch nicht mehr sehen." Ich weinte. Wieder einmal gingen wir durch die Hölle.

“Dann ist es so, Schatz. So geht das doch nicht mehr weiter! Er kann doch hier nicht machen, was er will und uns beklauen!”. Er war immer noch sehr aufgebracht.
Keiner von uns fühlte sich in der Lage, die Vorgänge, die hier geschahen, zu steuern. Wir kamen uns wie Mensch-ärgere-dich-nicht-Figuren vor, die man hin- und herschob, wie man sie gerade brauchte, lebten in Angst und Schrecken. Unser Verhältnis zu Lucas war im wahrsten Sinne des Wortes krank und das machte uns wiederum krank.
Da mein Mann nicht wollte, dass wir die Kleine nicht mehr sahen, redete er noch einmal mit meinem Kind. Er sah alles ein und versprach natürlich das Blaue vom Himmel. Zuhause versteckten wir alles, was irgendwas an Wert hatte. Der Ring hatte einen hohen materiellen, aber eben auch einen sehr hohen ideellen Wert. Es war unser Ehering, das bedeutete doch etwas. Nur nicht für meinen Sohn. Der Ring war für immer verloren.
Schmuck, Geld, Münzen usw. versteckten wir in verschiedenen Kissenhüllen verschiedener Bettwäschen. Da müsste er einige Zeit aufbringen, etwas zu finden. Die Zeit hatte er nicht. Es musste immer schnell gehen, sonst würde es auffallen. Geld und Schmuck fehlte uns seitdem nicht mehr.

Ich veränderte mich immer mehr. Ständig hatte ich Kopf- und Rückenschmerzen, ich schlief nicht, aß kaum und sprach auch fast nichts mehr. Selbst wenn ich gewollt hätte, ich konnte nicht. Aber ich hielt irgendwie durch, ging weiter arbeiten, versorgte den Haushalt, kochte, putzte. Auch hatten wir öfter unsere Prinzessin bei uns, meistens haben wir etwas mit ihr unternommen und dann zu Hause mit ihr gespielt. Sie war so

ein fröhliches und braves Kind, aber sehr schreckhaft war sie, das muss ich leider sagen. Sie zuckte oft zusammen, wenn ich oder mein Mann die Stimme hob. Als ich Lucas darauf ansprach, sagte er nur: "Ja, habe ich auch schon gemerkt, keine Ahnung, warum das so ist."
"Schreit ihr zu Hause viel?"
"Oooh, Mama, nein, ist gut jetzt."
Ich bekam nicht mehr aus ihm heraus.

In dieser Zeit machte sich mein Mann große Sorgen um mich. "Schatz, geh bitte mal zum Arzt. Du siehst richtig krank aus. Bitte", flehte er mich an.
Ich versprach es ihm, aber ich ging nicht zum Arzt, quälte mich weiter durch die Tage und Wochen.

***

In einer Woche hatte mein Mann Geburtstag. Feiern wollten wir erst am Wochenende, aber direkt an diesem Tag wollten wir mit Lucas und seiner kleinen Familie sowie meiner Mutter Kaffee trinken. Lucas' Freundin konnte jedoch nicht mitkommen, sie hatte Spätschicht. So kam er allein mit seinem Töchterchen. Pünktlichkeit war noch nie Lucas' Stärke, dieses Mal kam er eine geschlagene Stunde zu spät. Beim Schuhe ausziehen, drückte er meinem Mann eine Tüte Bonbons in die Hand, gratulierte ihm und fertig. Kein Geschenkpapier oder eine kleine Schleife – nichts. Es war, als wenn er die Tüte unterwegs noch schnell gekauft hatte. Wir wussten, dass er wenig Geld hatte und erwarteten auch keine großen Geschenke. Hätte er mit seiner Tochter ein schönes Bild gemalt oder einen Brief für meinen Mann geschrieben, das hätte alles kein Geld gekostet und wäre von Herzen gekommen. Aber so? Da war wieder der Respekt zu spüren, den Lucas NICHT hatte. Mein Mann flüsterte mir zu: "Jetzt weiß ich, was ich wert bin bei ihm." Er tat mir so leid. Ich glaube, Lucas begriff gar nicht, wie weh so etwas Liebloses tut. Immerhin hatte er ja ein "Geschenk". Anders kann ich es mir nicht erklären.

An diesem Nachmittag war Lucas sehr nervös. Diese Nervosität steckte total an. Ich war angespannt, zittrig und mein Mann redete kaum und wenn er etwas sagte, war er sehr leise. Es war eine furchtbare Atmosphäre. Lucas schimpfte viel mit der Kleinen "Mach das nicht … mach jenes nicht …" Er hatte immer etwas an dem Mäuschen auszusetzen. Einmal konnte ich nicht mehr an mich halten und sagte: "Sie macht doch gar nichts, ist doch artig."

"Halt dich da raus! Das ist meine Erziehung!"

"Aber Lucas, das soll es doch auch sein, aber du meckerst nur auf der Kleinen herum, dabei ist sie artig. Das wollte ich doch nur sagen."

"Ja, Mama, lass mich!"

"Nein, lassen wir nicht", kam es von meinem Mann "Du sollst dein Kind ja erziehen, aber meinst du, mit ständigem Schimpfen erziehst du ein Kind? Schau sie dir mal an. Sie zuckt bei jedem lauten Wort zusammen. Findest du das gut?"

Ich sah Lucas an und erschrak mich fast zu Tode. Er verzog vor Wut so dermaßen sein Gesicht, dass er mich total an meinen Ex-Mann erinnerte.

"Lasst mich doch in Ruhe! Eure Besserwisserei geht mir am A

… vorbei!!" Bei seinen Worten sprang er so schnell auf, dass der Stuhl hinter ihm umfiel.
Erschrocken sahen wir ihn alle an, instinktiv nahm ich die Hand der Kleinen. Sie riss sich jedoch los, holte ihre Spielkiste aus dem Schrank und spielte ganz leise vor sich hin. Das muss öfter so sein, dass sie sich so aus der Situation herausstahl. Oh mein Gott, wenn das wahr ist. Rastet Lucas immer noch so schnell aus und das auch noch vor dem Kind?
"Schlag einen anderen Ton an!", warnte mein Mann.
"Nee, ich schlage keinen anderen Ton an. Ihr regt mich nur noch auf. Andauernd habt ihr was auszusetzen an mir." Seine Stimme überschlug sich fast. Meine Mutter sah erschrocken zu ihm: "Lucas, beruhige dich doch erst mal". Wütend sah Lucas seine Oma an, zeigte mit dem Finger auf sie: „Und du, du musst doch ganz ruhig sein. Ständig drohst du mir, mir das Auto wegzunehmen, wenn ich nicht mache, was du willst. Bitte, kannst du haben, ich brauche und will es nicht mehr. Ihr könnt mich alle mal." Mein Sohn war komplett außer sich.
Jetzt wurde ich auch laut: "Jetzt reiß dich aber mal zusammen. Was schreist du denn hier so herum?"
"Du lass mich ganz in Ruhe, du Scheißmutter. Du und deine Harmonie. Es ist nicht immer alles nur Friede, Freude, Eierkuchen. Es kotzt mich so an!" Lucas schrie, seine Stimme zitterte und Tränen liefen vor Wut langsam über sein Gesicht. Meine Mutter weinte. Ich sah zu der Kleinen, sie spielte ganz ruhig vor sich hin, als würde sie das alles gar nicht mitbekommen. Das erschrak mich am meisten. Jedes Kind würde jetzt weinen, schreien oder sich die Ohren zuhalten. Die Kleine nicht. Es war, als wäre sie daran gewöhnt und versuchte, sich am liebs-

ten unsichtbar zu machen. Ich weiß nicht, ob ich da recht habe, aber mein Gefühl war so.

Mein Mann versuchte, etwas Ruhe hereinzubringen: "Lucas, es ist doch gut jetzt! Beruhige dich! Warum rastest du denn so plötzlich aus?"

"Einen Scheiß werde ich tun. Ich beruhige mich überhaupt nicht!!! Ich gehe jetzt!"

"Danke für den Geburtstag, Lucas. Das hast du super hinbekommen", weinte ich.

"Ja, flenne wieder, liebste Mama", schrie er mich an, "das kannst du ja besonders gut."

"Wir haben doch alles für dich getan, was uns möglich war ...", weiter kam ich nicht.

"Ja, ich weiß. Ich bin so schlecht und böse. Ihr müsst alles für mich machen. Das braucht ihr jetzt nicht mehr." Er schrie und schrie.

Plötzlich ging er zu der Kleinen: "Komm Schatz, wir gehen".

"Nein, ich will nicht gehen", begann die Maus zu weinen.

"Doch wir müssen gehen. Oma und Opa wollen uns hier nicht mehr."

Ich war außer mir: "Rede dem Kind nicht so einen Mist ein. Wir lieben die Kleine und sie kann immer hier sein."

Lucas hörte nicht mehr zu. Er war wie in einem Wahn, zerrte die Kleine mit sich, half ihr hektisch beim Anziehen.

"Du kannst doch so kein Auto fahren!", versuchte es mein Mann noch einmal.

"Nein, werde ich auch nicht, wir laufen!"

"Lucas, draußen sind minus zehn Grad und es ist sehr windig. Du kannst doch mit der Kleinen jetzt nicht ein paar Kilometer

laufen. Das ist doch verantwortungslos. Das kann die Kleine doch gar nicht", sagte mein Mann fassungslos.
"Das kriegen wir schon hin", brüllte er. Die kleine Prinzessin weinte: "Ich will nicht laufen, Papa."
"Sei still, es geht jetzt nun mal nicht anders."
Jetzt sprang mein Mann auf, hielt Lucas an den Schultern fest, sah ihm fest in die Augen und sagte ganz ruhig: "Wenn du jetzt mit der Kleinen losläufst, rufe ich die Polizei oder das Jugendamt an. Du bist doch nicht mehr normal. Junge, komm mal wieder zur Vernunft."
"Ach, wollt ihr mir nun auch noch mein Kind wegnehmen?"
"Nein, das wollen wir nicht. Aber wir lassen nicht zu, dass du jetzt mit der Kleinen ein paar Kilometer laufen willst und das bei dem Wetter. Dir hat niemand etwas getan. Denk wenigstens an dein Kind. Sie weiß doch gar nicht, was los ist." Lucas war immer noch dabei, sich anzuziehen. Seine Tochter war schon fertig. "Na gut, dann fahre ich eben. Hier bleibe ich keine Sekunde länger."
"Ja gut, dann fahr, die Kleine fährt mit mir. Ich fahre mit ihr hinterher."
"Mein Gott, bist du nervig", schimpfte Lucas immer noch.
"Das ist mir egal. Die Kleine steigt bei dir jetzt nicht ein."
"O. k.", sagte er genervt.

Ich saß dann mit meiner Mutter allein im Wohnzimmer. Wir weinten beide. Was war das gerade? Scheißmutter? War ich das? Zumindest fühlte ich mich so, seit so vielen Jahren schon. Trotzdem habe ich doch immer versucht, für mein Kind da zu sein. Auch mein Mann. Wir haben doch immer geholfen und

jetzt so etwas? Der Geburtstag meines Mannes war total ruiniert. Mein vorbereitetes Abendessen konnte niemand essen. Wir brachten alle keinen Bissen herunter. Meine Mutter ist dann nach Hause gegangen. Mein Mann und ich machten uns eine Flasche Wein auf und er sprach Klartext: "Jetzt hat er mich da, wo er mich hinhaben wollte. Ich mache für deinen Sohn keinen Finger mehr krumm. Was denkt er denn, wer er ist? Das arme Kind mittendrin. Ich möchte nicht, dass Lucas hier noch mal herkommt!"
"Aber ..."
"Nein, kein Aber, Schatz. So geht das überhaupt nicht. Er soll zu einem Arzt gehen und sich Hilfe holen. Das ist doch nicht mehr normal. Er beklaut uns, er beschimpft und beleidigt uns und wenn es brennt, dürfen wir artig löschen? Nein, ohne mich, Schatz, ich bin raus!"
"Was soll ich denn jetzt machen?"
"Gar nichts, außer mal an uns zu denken. Wir haben doch auch noch ein Leben und das kann uns Lucas nicht weiter kaputtmachen. An uns müssen wir auch mal denken. Du siehst total schlecht aus, aber zum Arzt gehst du nicht. Du möchtest immer auf Abruf stehen, falls etwas mit deinem Sohn ist. Das ist nicht normal. Wenn er sich nicht erwachsen verhalten kann, dann ist das seine Sache, aber hier gibt es das nicht mehr!"
"Und die Kleine?"
"Sie kann jederzeit herkommen und das weißt du. Wie es dann werden wird, werden wir sehen."
Ich kuschelte mich fest in die Arme meines Mannes. Er hielt mich ganz fest. Wir weinten beide. Das war heute wirklich zu viel. Hatten wir diese Beleidigungen verdient?

***

Mir ging es weiter immer schlechter. Ich musste definitiv zu einem Arzt. Endlich war ich so weit. Ich ging zu meinem Hausarzt, erzählte aber nur, dass ich nicht schlafen konnte und mir oft die Hände zitterten. Ich bekam beruhigende Medikamente, sodass ich nachts schlafen konnte. Außerdem riet er mir, mich in psychologische Behandlung zu begeben. Er betonte, dass Schlafstörungen meistens eine psychische Ursache haben. Zur Sicherheit nahm er noch ein großes Blutbild ab. Ein paar Tage später erfuhr ich, dass meine Werte bestens waren.

Zu einem Psychologen wollte ich nicht, ich konnte einfach nicht. Meine Scham war immer noch zu groß. Aber ich ging zu einem Psychiater. Dort bekam ich ein Medikament, was mich wieder ausgeglichener machen sollte. Diese Medizin half aber überhaupt nicht. Das Einzige, was half, war das Schlafmittel von meinem Hausarzt. Als die Tabletten zur Neige gingen, wollte ich ein neues Rezept von ihm haben. Aber er sagte mir, dass er mir jetzt nicht ständig Schlaftabletten verschreiben könne. Die Ursache der Schlafstörungen muss bekämpft werden. Es ist wie Zahnschmerzen, man kann gegen die Schmerzen immer Tabletten nehmen, aber wenn der Zahn nicht behandelt oder entfernt wird, ändert sich an den Schmerzen nichts. Genauso war es ja bei mir. Ich konnte zwar durch die Tabletten schlafen, aber meine schrecklichen Erinnerungen und die Sorge um Lucas waren immer da. Auch die Albträume waren trotz der Schlaftabletten immer noch präsent, ebenso die verdammten Flashbacks. Aber immer noch schaffte ich es nicht, mich nach einem Psychologen umzusehen.

Meine allergrößten Sorgen machte ich mir jetzt allerdings um unsere kleine Prinzessin.

Die ganzen Jahre des Kummers und der Sorgen hinterließen bei mir immer mehr Spuren. Ich konnte mich auf nichts mehr konzentrieren. Ich machte mich nur noch zurecht, wenn ich zur Arbeit ging, ansonsten ließ ich mich gehen. Mein innerer Antrieb war weg. Zu allem musste ich mich zwingen. In dieser schwierigen Zeit musste mein Mann für ein paar Tage zur Weiterbildung. Er wollte absagen, um mich nicht allein zu lassen. Das wollte ich nicht. Auf keinen Fall wollte ich ihm im Weg stehen. "Schatz, du fährst da hin. Die paar Tage schaffe ich schon ohne dich." Sanft küsste ich ihn.
"Schatz, ich habe solche Angst um dich. Du bist nicht mehr Du selbst."
"Ich packe das, Schatz."
Also fuhr mein Mann zwei Tage später zu seiner Weiterbildung.

Als ich abends meine Schlaftablette nahm, stellte ich fest, dass fünf Tabletten aus der Packung fehlten. Mein Mann nahm keine Schlafmittel, er konnte immer schlafen, darum beneidete ich ihn. Mein erster Gedanke: Lucas!!!
Nein, das konnte doch nicht sein, seit dem Vorfall seines Ausrasters war er nicht mehr hier. Ich wartete ab, bis mein Mann wieder da war und erzählte ihm von den fehlenden Tabletten. Zuerst war er auch ratlos. Dann fiel ihm siedend heiß ein: "Wir haben im Schlüsselkasten noch einen Hausschlüssel für den Notfall. Den nimmt doch immer deine Mutter, wenn wir im

Urlaub sind, um zu gießen." Oh mein Gott, bitte nicht! Lucas hat nicht den Schlüssel. Ich raste zum Schlüsselkasten, der Schlüssel hing an Ort und Stelle. Ich atmete auf. "Den kann er sich nachmachen lassen", mein Mann war außer sich: "Ich fahre sofort zu ihm."

"Ich komme mit!"

"Besser du bleibst hier!"

"Nein, ich komme mit!"

So fuhren wir beide zu Lucas. Als er öffnete, erschrak ich total. Lucas war blass und hatte starke Augenringe. Er bat uns herein.

"Mama, es tut mir leid, was zum Geburtstag passiert ist."

"Ja, das war wirklich eine Spur zu heftig. Aber etwas anderes, wo sind meine Tabletten?"

Lucas biss sich auf die Lippe, druckste herum: "Die … die … ich …"

"Also hast du sie genommen?"

"Ja, ich wollte mal wieder schlafen".

"Wie hast du das gemacht ohne Schlüssel?", wollte mein Mann wissen.

"Ich habe ihn mal genommen, als ihr im Urlaub wart und ihn nachmachen lassen", völlig unschuldig sagte er das.

"Ohne uns zu fragen?"

Darauf sagte er nichts.

"Lucas, Lucas was machst du bloß?"

"Ja, mach gleich wieder Theater. Was ist denn an ein paar Tabletten dabei?"

"Du verstehst es nicht, ne? Das ist eine Vertrauenssache und auch wenn du mein Sohn bist, kannst du nicht ein- und ausgehen bei uns, wie du willst. Das machen wir doch bei dir auch

nicht. Das macht man einfach nicht!", versuchte ich, es ihm verständlich zu machen.
"Ja, ist ja gut, du hast ja recht."
"Eins möchte ich noch wissen Lucas, warum siehst du so schlecht aus? Bist du wieder nur am Feiern?"
"Nein, ich feiere nicht." Mehr sagte er jedoch nicht.
Mein Mann forderte: "Gib mir den Schlüssel und gehst du noch einmal unaufgefordert in unsere Wohnung oder lässt unberechtigt einen Schlüssel von uns nachmachen, gehe ich zur Polizei und zeige dich an!" Mein Gott, war mein Mann sauer, verständlicherweise.
"Du würdest mich anzeigen?"
Er nickte und ich sagte: "Ja, Lucas, wir haben doch gar keine andere Wahl. Du kannst doch nicht machen, was du willst." Ich war ganz stolz auf mich, dass ich nicht gleich wieder losheulte, aber ich denke, der Schock saß zu tief.
"Dein eigenes Kind würdet ihr anzeigen?" Er gab den Schlüssel heraus.
"Lucas, mach so was nie wieder und dann ist es gut!", forderte mein Mann und dann wollten wir nur noch nach Hause. Ich wollte weg von meinem Sohn. Wie weit würde er denn noch gehen?
Die Kleine war zum Glück mit Lucas' Freundin unterwegs, so bekam sie nichts von dieser Auseinandersetzung mit. Sie schien sich wirklich um die Maus zu bemühen.

***

Mir ging es zusehends schlechter. Meine Kopf- und Rücken-

schmerzen wurden schlimmer, mein rechter Arm schmerzte sehr stark. Ich dachte natürlich zuerst an eine Muskelverspannung und rieb mehrmals am Tag den Arm mit einer schmerzstillenden Salbe ein. Doch die Schmerzen gingen nicht weg. Meine rechte Hand gehorchte mir immer öfter auch nicht mehr. Magenschmerzen und Sodbrennen kamen dazu.
Ich achtete auch immer darauf, dass ich anständig gekleidet war, auch zu Hause. Geschminkt und im Kostümchen saß ich zu Hause natürlich nicht, aber meine Sachen, die ich anhatte, mussten sauber sein. Am wohlsten fühlte ich mich in Jogginghose und Shirt, aber es durfte nicht der kleinste Fleck darauf sein. Zu dieser Zeit war mir das jedoch alles egal. Ich ließ mich total gehen.
Als mein Mann von einer Dienstreise nach Hause kam und mich so schmuddelig vorfand, stand in seinem Gesicht das blanke Entsetzen. "Schatz, was ist denn passiert? Wie siehst du denn aus?"
Ich lag auf dem Sofa mit fleckigen Sachen, ungekämmt, in der Küche stand Geschirr herum und wartete auf den Geschirrspüler, die Betten hatte ich auch noch nicht gemacht. So etwas hatte es bei mir noch nie gegeben.
"Entschuldige, Schatz, ich räume gleich auf."
"Aufräumen ist doch egal. Was ist mit DIR los?" Er machte sich große Sorgen, das war deutlich zu spüren, ganz aufgeregt war er.
"Ich habe solche Kopf- und Rückenschmerzen, mein rechter Arm schmerzt so sehr und meine rechte Hand macht nicht mehr, was ich will. Mir ist so übel und mein Magen brennt wie Feuer", schluchzte ich.

“Dann los, aufstehen, wir fahren zum Arzt!”
“Aber da ist doch schon geschlossen.”
“Dann fahren wir ins Krankenhaus! Nicht, dass du einen Schlaganfall hattest oder hast.”
“Quatsch”, regte ich mich auf.
“Diskutiere jetzt nicht mit mir, wir fahren!”

In der Notaufnahme mussten wir noch einige Zeit warten, bis sich ein Arzt meiner annahm. Er untersuchte mich gründlich, wies eine Computertomografie vom Kopf und vom Rücken an. Es ergaben sich jedoch keinerlei Befunde. Ein Schlaganfall war ebenfalls ausgeschlossen. Gott sei Dank! Ich bekam etwas gegen das Sodbrennen, was sehr schnell half.
“Aber warum macht meine Hand nicht das, was sie soll?”
“Ich muss gestehen, dass ich das im Moment noch nicht weiß. Ich würde sie gern für zwei Tage hierbehalten und noch weitere neurologische Tests durchführen lassen.”
“Nein …,” lehnte ich ab.
“Doch Schatz, lass dich mal gründlich durchchecken”, flehte mein Mann mich an.
Der Arzt fragte mich noch: “Warum sind sie denn so sehr schlank, ich möchte fast sagen, sehr dünn?” Ich zuckte mit den Schultern.
“Weil meine Frau kaum noch vernünftig isst”, erklärte mein Mann.
“Hat das einen Grund?”, wollte der Arzt wissen.
“Ich habe einfach keinen Appetit.” Dabei funkelte ich meinen Mann warnend an. Wehe, er sagt jetzt mehr dazu. Doch die Sorge meines Mannes war zu groß. “Wir haben ein paar Prob-

leme mit dem Sohn meiner Frau. Das nimmt sie sehr mit."
"O. k.", sagte der Arzt nur, kurze Zeit später wurde ich auf Station gebracht.
Am nächsten und übernächsten Tag wurden weitere Tests durchgeführt. Alle brachten kein Ergebnis. Die Ärzte waren ratlos. Bei der Visite sagte der Stationsarzt zu mir: "Wir können Sie entlassen. Alle Tests sind negativ."
"Das heißt?", wollte ich wissen.
"Das heißt, dass Sie körperlich und organisch völlig gesund sind."
"Was soll ich denn jetzt machen? Die Kopf- und Rückenschmerzen sind doch immer noch da, sobald die Medikamente nachlassen. Mein Arm und meine Hand gehorchen mir auch immer noch nicht", mir kamen die Tränen. Ich war so verzweifelt. Verständnisvoll nickte der Arzt: "Gegen die Schmerzen gebe ich Ihnen ein Rezept mit. Ansonsten rate ich Ihnen dringend, sich einem Psychologen vorzustellen, besser noch, in eine psychosomatische Klinik zu gehen. Wir können hier nichts mehr für Sie tun. Körperlich sind Sie, wie gesagt, völlig gesund. Ich wünsche Ihnen alles Gute." Schon musste er weiter zur nächsten Patientin.

Als mich mein Mann am nächsten Tag abholte, war ich völlig verweint. Zu Hause gab ich ihm den Arztbrief. Die Empfehlung "psychosomatische Klinik" stach ihm sofort ins Auge. "Schatz, gehe in diese Klinik, bitte. Es geht doch so nicht mehr weiter!"
"Nein, ich lasse mich erst mal für eine Woche krankschreiben. Vielleicht hilft das ja."

“Ach Schatz …”, mein Mann resignierte.
Mein Hausarzt schrieb mich sofort krank, verordnete mir die Schmerz- und Schlafmittel, die im Arztbrief standen. Auch er beschwor mich, in diese besagte Klinik zu gehen. Ich wollte aber noch abwarten.

Mein Mann nahm mir das Einkaufen ab, fuhr mich überall hin, wo ich etwas zu erledigen hatte. Er kümmerte sich so rührend um mich. Als ich an einem Nachmittag auf dem Sofa lag und ich ins Leere starrte, klingelte es an der Tür. Mit Lucas und der Kleinen im Schlepptau kam er zu mir.
“Hallo Oma, bist du krank?”, plapperte die Kleine drauflos.
“Nur ein bisschen, mein Schätzchen”.
“Hi Mama, was ist denn mit dir passiert?”
“Ich weiß selbst nicht, was das ist, nicht einmal die Ärzte wissen es.” Ich erklärte ihm meine Symptome und erzählte ihm auch von dem Rat der Ärzte, in eine psychosomatische Klinik zu gehen.
“Mama, dann geh in diese Klinik. Da kann dir bestimmt geholfen werden”, bettelte mein Kind.
“Ja, ich denke darüber nach.”
Die beiden blieben noch ein bisschen, dann mussten sie nach Hause. Mir fiel wieder Lucas’ starke Blässe auf.
Am Abend ließ mir mein Mann Badewasser ein. Nach dem Bad massierte er lange meinen Rücken. Das tat so gut. Die Schlaftabletten nahm ich nur jeden zweiten Abend, denn ich hatte Angst, abhängig davon zu werden. In dieser Nacht konnte ich nicht schlafen. Undefinierbare, kreisende Gedanken beherrschten meinen schmerzenden Kopf. Ich grübelte und grü-

belte. Wie gerädert stand ich am nächsten Morgen auf. Beim Frühstück sagte ich weinend zu meinem Mann: "Ich gehe in die Klinik."
Sofort stand er auf, kam zu mir und nahm mich in seine Arme: "Das ist gut. Dann fahren wir gleich zum Arzt wegen der Einweisung. Mal schauen, wie lange wir auf den Termin warten müssen." Er küsste mich sanft: "Schatz, ich bin immer für dich da, das verspreche ich dir." Ich war so froh, dass ich ihn an meiner Seite hatte.
Mein Hausarzt kümmerte sich gleich selbst um einen Termin in der Klinik. Dank seines Einsatzes konnte ich gleich in einer Woche aufgenommen werden. "Ich freue mich über Ihren Entschluss. Ich bin der Meinung, dass es höchste Zeit ist."

***

So trat ich den schweren Gang in diese Klinik an. Als ich meinen Mann verabschiedete, weinte ich wie ein kleines Kind. "Nicht weinen, Schatz, ich komme dich besuchen, so oft ich kann."
Ich bewohnte ein Zimmer für mich allein. Das war gut für mich. Doch die ersten Tage waren fürchterlich. So viele fremde, kranke Menschen. Die ganze Umgebung war fremd, ich verlief mich andauernd. Dann aber, ganz langsam, fand ich mich zurecht. Nach drei Tagen wurde mir ein Einzelgespräch mit einem Psychologen verordnet. Herrgott, hatte ich eine Angst! Was sollte ich denn sagen? Doch er war sehr einfühlsam und lenkte die Unterhaltung. Ich konzentrierte mich sehr, um nicht das Unaussprechliche auszusprechen. Doch der Psy-

chologe verstand seinen Job. Vorsichtig tastete er sich an meine Kindheit heran, woraufhin ich einen Heulkrampf bekam. Er ließ mich weinen, sagte kein Wort. Als ich mich beruhigt hatte, redete er ganz leise und ruhig zu mir: “Lassen Sie es raus! Sprechen Sie es aus! Lassen Sie Ihre schrecklichen Erlebnisse mit ihren Worten aus Ihrem Körper!”

Ich sah in verwirrt an: “Aber … aber … woher … wissen Sie …?”

Er lächelte sanft: “Das ist mein Job. Ich weiß nicht, was Ihnen passiert ist, aber dass es etwas sehr Schreckliches war, das spüre ich, das zeigen Sie mir in Ihrer ganzen Art und Ihrer Haltung. Ich kann Sie nur bitten, es auszusprechen, dann arbeiten wir daran.” Wieder heulte ich, doch dann sprudelte es aus mir heraus: “Ich wurde als Kind sexuell missbraucht.”

“Von wem? Können Sie mir das sagen?”

Ich nickte und sagte nichts. Er fragte noch einmal ganz leise: “Von wem?”

“Mein Vater war es”, schluchzte ich.

Er schob mir eine Packung Kleenextücher zu und ich begann zu reden. Ich redete und redete, nichts ließ ich aus. Meine Scham war in diesen Momenten wie ausgelöscht. Als ich jedoch fertig war mit Reden, kam sie mit voller Wucht zurück. Ich fand mich zusammengekauert und heulend auf dem Boden wieder. Warum ließ er mich denn am Boden liegen? Schon klar, da gehörte ich hin. Ich bin ein Nichts. Der Psychologe stand jetzt auf und half mir beim Aufstehen. Ich senkte die ganze Zeit meinen Blick, so sehr schämte ich mich. Aber jetzt wollte ich alles: Über meinen Ex-Mann auch reden. Doch er unterbrach mich: “Für heute reicht das erst einmal. Das haben

sie sehr gut gemacht. Dass sie auf dem Boden lagen, war Ihre Psyche. Sie haben sich beim Reden zusammengekauert wie ein Kind, weinten und redeten. Deshalb habe ich nicht eingegriffen. Es sollte alles aus Ihnen herauskommen. Haben Sie keine Angst, ich passe auf Sie auf. Über ihren Ex-Mann reden wir beim nächsten Mal. Für heute ist es erst mal genug. Eines möchte ich Ihnen aber dringend mit auf den Weg geben: Sie müssen und brauchen sich nicht zu schämen und noch wichtiger – SIE! HABEN! KEINE! SCHULD!" Jedes Wort betonte er sehr stark.
Die Sitzungen mit dem Psychologen taten mir sehr gut. Ich konnte mir alles von der Seele reden, war in einem geschützten Raum – es war so befreiend, obwohl nichts ungeschehen gemacht werden konnte. Ich erlernte in der Klinik Techniken, die ich anwenden konnte, wenn ich Panikattacken bekam oder mich Flashbacks heimsuchten. Für die Albträume gab der Psychologe mir den Rat, aufzustehen, mich hinzusetzen und aufzuschreiben, was mir gerade in den Sinn kommt oder irgendetwas zu malen.

Mein Mann besuchte mich, so oft er konnte. An diesem Tag erlaubte der Arzt, dass ich mit ihm in die Stadt gehen durfte. Wir gingen in ein nettes Café und bestellten uns Cappuccino und leckeren Kuchen. Beim Essen sah mich mein Mann an, als sei ich von einem anderen Stern, er selbst aß nicht mehr. Ich fragte ihn: "Was ist los, Schatz?"
"Du isst ganz normal mit deiner Hand, Schatz."
Tatsächlich! Das hatte ich noch gar nicht wahrgenommen. Ich wusste auch nicht, wie lange ich das schon wieder konnte.

“Schatz, das habe ich noch gar nicht gemerkt”, lachte ich.
“Die scheinen hier einen guten Job zu machen”, lachte mein Mann.

Ich berichtete ihm von meinen Therapien und dass mir die Einzeltherapien mit dem Psychologen am meisten halfen. Vier Wochen war ich nun schon hier und es war die beste Entscheidung, in diese Klinik zu gehen. Warum nur hatte ich mich so lange dagegen gewehrt? Ja, der Scham wegen. Ich habe mich so unsagbar für das geschämt, was mir passiert ist. In der Klinik habe ich gelernt, dass ich mich für nichts zu schämen brauche. Auch was mein Ex-Mann mir alles angetan hatte, war nicht meine Schuld. Warum ich so lange bei ihm blieb? Angst, Angst, Angst. Und: Weil ich der Meinung war, dass ich nichts anderes verdient hätte. Ich war ein wertloses Etwas, ein unnützes Stück, mit dem man machen konnte, was man wollte. Da er unser Kind niemals geschlagen hat, hielt ich aus und wollte die Familie erhalten. Ich weiß, dass das der größte Fehler meines Lebens war, aber ich konnte nicht anders. Ich wollte immer nur das Beste und gab mich dafür komplett auf. Für meinen Sohn war es aber nicht das Beste und das wusste ich auch damals schon, aber ich hatte einfach keine Kraft und zu große Angst, mich von diesem Monster zu trennen.

Der Psychologe riet mir beim Abschlussgespräch, in eine ambulante, psychologische Therapie zu gehen und für Lucas sollte das Gleiche gelten. Vielleicht ist er so respektlos zu mir, weil er mir die Schuld gibt, dass ich nicht mit ihm fortgegangen bin

aus dieser Hölle. Er hat auch nie gesehen, dass ich respektvoll behandelt wurde. Woher sollte er das können? Ich versprach ihm, mit Lucas zu reden.
Als mein Mann mich bei meiner Entlassung abholte, hatte ich große Schwierigkeiten. Mir fehlten die geschützten Wände der Klinik. Panik ergriff wieder Besitz von mir, aber mithilfe der erlernten Techniken in der Klinik und mit großer Hilfe meines Mannes bekam ich sie einigermaßen in den Griff. Ich war noch drei Monate krankgeschrieben. Jetzt wollte ich unbedingt wieder arbeiten. Meine Kolleginnen bereiteten mir einen freundlichen Empfang. "Du hast uns gefehlt", umarmten sie mich.
"Ja, so viel Arbeit ne?", lachte ich.
"Ja, Arbeit ist genug da."
"Du siehst gut aus …" oder "Man sieht, dass es dir besser geht …", sagten sie zu mir. Ich war ihnen so dankbar.

***

Um Lucas hatte ich immer noch Angst, aber nicht nur um ihn, sondern auch vor ihm. Ich hatte unbeschreibliche Angst vor Auseinandersetzungen mit meinem Sohn. Lucas kam jetzt wieder öfter zu uns. Ich wollte mit ihm über seinen Vater reden, aber er blockte total ab. Einmal kam er und fragte, ob wir ihm einhundert Euro leihen könnten.
"Wozu brauchst du es denn?", wollte ich wissen.
"Ja so eben. Ich habe nichts mehr."
"Lucas, du musst lernen, besser mit deinem Geld auszukommen", mahnte ich.
"Ooooch ja, Mama, könnt ihr oder könnt ihr nicht?"

“Nicht gleich wieder so einen Ton, bitte!“, sagte mein Mann und gab ihm die einhundert Euro. Er tat es mir zuliebe. Wusste er doch, dass ich immer noch Angst vor Auseinandersetzungen mit Lucas hatte. Es war so krank.
“Danke, ich gebe sie euch auch nächsten Monat zurück.”
“Das sagst du immer, machst es aber nie.” Dazu sagte er nichts.
“Ich muss dann auch wieder los.”
“Drück die Kleine von uns”, rief ich noch hinterher und weg war er.

“Ich mache mir Sorgen um Lucas. Er sieht so schlecht aus.”
“Nein Schatz, du denkst jetzt nur an dich und wenn du magst, auch an mich.”
“Trotzdem mache ich mir Sorgen um ihn. Wenn man doch bloß mal vernünftig mit ihm reden könnte.”
“Es ist leider so, wie es ist, Schatz. Du musst lernen, dich damit abzufinden. Wenn er reden möchte, kann er jederzeit zu uns kommen, aber wenn er es nicht tut, kannst du nichts machen. So ist das leider.”
Ich schrieb ihm eine Nachricht mit folgenden Worten:
“Lucas, wenn du etwas auf dem Herzen hast oder einfach nur reden willst, kannst du immer auf mich oder uns zählen. Ich bin immer für dich da.”
Mein Sohn schrieb nur zurück: “Ja. Könnt ihr am Wochenende die Kleine nehmen?”
“Ja klar, gern”, schrieb ich zurück.

Wir verbrachten ein sehr schönes Wochenende mit der Kleinen. “Endlich bin ich wieder mal bei Oma und Opa”, hüpfte sie

fröhlich durch die Wohnung. Sie war so süß.
Am Sonntagabend brachten wir sie nach Hause. Schon vor der Tür war lautes Geschrei zu hören. Die Kleine verlor sofort ihr Lächeln, ließ das Bild fallen, was sie für ihren Papa und seine Freundin gemalt hatte und drückte ganz fest meine Hand. Dreimal mussten wir klingeln, bis endlich geöffnet wurde. Lucas war total verheult und leichenblass.
"Es ist besser, wenn ihr gleich wieder geht. Danke fürs Aufpassen."
"Wir gehen aber nicht gleich wieder. Was ist hier los? Man hört euch ja bis draußen", regte sich mein Mann auf. Er schob Lucas zur Seite und wir betraten die Wohnung. Die Kleine rannte gleich in ihr Zimmer. Es zerriss mir fast das Herz. So ein kleines Mäuschen war zwei Tage nicht zu Hause und rannte gleich in ihr Zimmer vor Angst.
Im Wohnzimmer auf dem Tisch standen leere Weinflaschen. Lucas Freundin saß auf dem Sofa. Plötzlich spürte ich die Kleine an meinem Arm rütteln: "Oma, kann ich bitte wieder mitkommen?", bettelte sie. "Das geht nicht Mäuschen. Oma muss doch morgen wieder arbeiten und ich muss ganz früh anfangen, da hat der Kindergarten noch zu. Und Opa ist da auch schon weg."
"Bitte", flehte sie.
"Nein Mäuschen, es geht nicht."
"Ich will aber zu Oma", begann sie zu weinen.
"Maaaaannn, könnt ihr nicht mal ruhig sein?", kam plötzlich die Stimme von der Couch. Lucas' Freundin war sichtlich genervt.
"Mama, geht bitte!", flüsterte Lucas. Mir drehte sich fast das

Herz um, die Kleine hier zurücklassen zu müssen.
“Dann komm mit der Kleinen mit!”
“Nein, geht jetzt!”
Mein Mann sah Lucas’ Freundin ernst an und ich spürte genau, dass er ihr etwas sagen wollte, sich aber Lucas zuliebe zusammenriss. Wir fuhren nach Hause. Keiner von uns sagte ein Wort.

Als wir im Bett lagen, sagte ich träumerisch: “Ach, wäre das herrlich, wenn einmal alles in Ordnung und ohne Sorgen wäre. Auch wäre es schön, jetzt irgendwo am Strand zu liegen und nichts hören und sehen von Sorgen und Kummer.”
“Ja, Schatz, das wäre schön”.
Ich bekam jetzt jedoch keinen Urlaub nach meiner langen Krankheit und mein Mann hatte durch mich auch schon viele Urlaubstage geopfert.
“Nächstes Jahr machen wir uns einen schönen Urlaub”, versprach er mir. In dieser Nacht fand ich keinen Schlaf. Die Ereignisse bei Lucas ließen mich nicht zur Ruhe kommen. Ich ahnte Schlimmes. Aber ich wusste auch, dass ich an mich denken musste. Mehr, als ihm anzubieten, mitzukommen oder mit uns zu reden, konnten wir nicht tun. Wenn nur die kleine Maus nicht mittendrin wäre! Inständig hoffte ich, dass es ihr gut ging.

Eine Woche später rief mich Lucas an: “Ich wurde entlassen”, kam er ohne Umschweife zum Punkt. Sofort bekam ich wieder schlimmes Herzrasen. Mal wieder entlassen!! Langsam sollte man sich daran gewöhnt haben, dass es nirgends mit Lucas’ Job lange anhielt. Er hielt nirgendwo lange durch.

“Was? Aber warum denn?”
“Ich weiß es nicht.”
“Nein, das gibt es nicht Lucas. Die müssen dir einen Grund nennen. Du bist ja nicht in der Probezeit.”
Jetzt druckste er herum: “Na ja, du kennst ja mein Problem mit der Pünktlichkeit und die Kleine war zweimal kurz hintereinander krank.”
“Warum schaffst du es denn nicht, pünktlich zur Arbeit zu gehen?”
“Weiß ich auch nicht.”
“Dann musst du eben eine halbe Stunde eher aufstehen.”
“Ja, Mama, ich muss jetzt zum Arbeitsamt”, und er legte auf.
Ging jetzt alles wieder von vorn los? Ich wollte diesen Albtraum einfach nicht mehr. Lucas fand einfach seinen Weg nicht! Es war zum Durchdrehen.
Mein Mann sagte am Abend nur zu mir: “Mach das jetzt nicht zu deinem Problem. Da muss er jetzt selbst durch.” Ja, er hatte ja recht, aber welcher Mutter ist es egal, wie es ihrem Kind geht? Wenn ihr Kind nicht den richtigen Weg ins Leben findet? Kaum hatte ich meine Krankheit besiegt, war ich schon wieder viel zu nahe an Lucas dran.

Der schöne Sommer verabschiedete sich mit wechselhaftem Wetter. Immer öfter brachen Gewitter über uns herein. Vor Gewittern hatte ich unbeschreibliche Angst. Endlich kam der Herbst und mit ihm unsere vielen Spaziergänge durch die Natur. Dabei redeten wir über Gott und die Welt.
Als wir von einem Spaziergang nach Hause kamen, stand Lucas mit seinem Töchterchen vor der Tür. Beide waren ganz

verheult. Beim näheren Hinsehen sah ich bei Lucas ein blaues Auge. Nein, das durfte doch nicht wahr sein!

Als wir alle im Wohnzimmer waren, wollten wir wissen, was los ist.

“Wir verstehen uns eigentlich ganz gut, aber manchmal rasten wir einfach total aus”, weinte Lucas.

Ich zeigte auf sein Auge: “War sie das?”,

“Ja, ich habe sie auch geschlagen. Sie ist ausgerastet, weil ich ihr kein Geld gegeben habe. Woher auch? Ich hatte doch selbst nichts mehr. Könnt ihr mir was geben? Bitte?”, flehte mein Kind.

“Ja, wenn du uns sagst, wofür?”, kam es von meinem Mann.

Da brabbelte die Kleine los: “Die rauchen immer, das stinkt und dann sind sie ganz lieb und lustig”, freute sie sich. “Oma, wenn du Papa Geld gibst, kann er wieder rauchen und ist lieb und die Jenny dann auch.” Jennifer war der Name von Lucas’ Freundin. Ich erschrak mich fast zu Tode. Ich ging mit der Maus in die Küche, gab ihr Malzeug und bat sie, ein schönes Bild zu malen. Danach ging ich zurück ins Wohnzimmer. Mein Mann sagte kein Wort.

“Lucas, reden wir hier über Drogen?”

“Nein, Mama, nur ab und zu einen Joint.”

“Ach so, das ist ja nicht schlimm, das machen ja alle!” Ich war so wütend.

“Wirklich, Mama, das ist nicht so schlimm”.

“Die Kleine kriegt es schon mit, so wenig schlimm ist das”, immer noch war ich total entrüstet. “Und deine Freundin braucht Geld für Joints und wenn du ihr keines geben kannst, schlägt sie dich?", fragte mein Mann. Lucas nickte und weinte: "Ich mache es genauso. Wenn ich etwas brauche und sie gibt mir nichts, rutscht mir auch die Hand aus." Ich war fassungslos. Wieder einmal stand ich vor einem Abgrund, der mich jeden Moment zu verschlucken drohte.

"Hast du dir mal überlegt, was aus der Kleinen werden soll?"

"Ich will das doch auch alles nicht mehr, aber wenn sie raucht, rauche ich eben mit."

"Dann trenne dich von ihr! Es kann doch nicht sein, dass ihr euch schlagt! Sei nicht so dumm!", redete ich auf ihn ein.

"Ich liebe sie, Mama."

"Du bekommst von uns kein Geld, Lucas. Wenn du kein Geld für Essen hast, weil ihr alles in Drogen steckt – ja auch Joints sind Drogen! – dann muss die Kleine eben mal hier bleiben. Da hat sie es gut. Mehr können wir nicht tun. Wir unterstützen euren Drogenkonsum definitiv nicht!" Mein Mann fand ganz klare Worte. "Na toll", sagte mein Sohn nur, zog seine Tochter an und verschwand. Zynisch war auch gleich seine Nachricht: "Ich habe ja eine tolle Mutter." Ich antwortete nicht, legte das Handy weg und ging ins Bett.

***

Mein Mann und ich waren dienstlich sehr eingespannt. Die nächsten Monate vergingen wie im Flug. Über Lucas dachte ich weniger nach. Ich konnte sowieso nichts machen. Ich fragte immer mal nach der Kleinen und wenn sie hier war, schien alles in Ordnung zu sein. Trotzdem fand ich keine Ruhe. Nach langen Überlegungen in den nächsten Tagen kam ich zu dem

Entschluss, meinen Hausarzt um Rat zu fragen. Geduldig hörte er mir zu. Dann sagte er schonungslos: “Ihr Sohn muss es selbst wollen, sein Leben zu ändern. Wenn er sich von seiner Freundin nicht trennen will oder kann und vor allem, wenn er nicht mit eigenem Willen von den Drogen wegkommen will, können Sie leider nichts machen. Das kann nur ER allein. Ich sage es mal so: Solche Menschen müssen erst ganz tief fallen, bevor sie bereit sind, nein zu Drogen zu sagen. Alles andere hat keinen Zweck, so leid es mir tut.” Mitleidig sah er mich an.
“Was soll ich denn jetzt tun? Er hat doch auch ein Kind!”
“Ich weiß, aber ich sage es noch einmal: Es muss sein eigener Wille sein, Sie sind da machtlos.”
Völlig niedergeschlagen fuhr ich nach Hause. Am nächsten Tag wollten wir noch einmal versuchen, mit Lucas zu reden. Doch er sperrte sich total: “Hört auf mit dem Quatsch. Ich brauche keinen Arzt!”
“Lucas, du brauchst Hilfe, das ist definitiv so! In Gesprächen mit einem Psychologen kannst du lernen, über dich nachzudenken, dich zu ändern und von den Drogen wegzukommen.”
“Hör auf mit dem Mist. Ich nehme keine Drogen!”
“Doch Lucas. Joints sind Drogen!! Sieh das doch mal ein. Du hast ein Kind. Soll sie in so einem Milieu groß werden?”
“Ja, ich weiß, ich bin ein schlechter Vater”, pampte er mich an.
Es hatte keinen Zweck. Mit meinem Sohn war einfach nicht zu reden.
“Das habe ich dir gleich gesagt”, sagte mein Mann abends zu mir: “Lucas will einfach nicht wach werden und solange er der Meinung ist, dass Joints keine Drogen sind, ist ihm nicht zu helfen.”

“Ich habe so Angst um die Kleine”, seufzte ich.
“Ich auch”, kam es von meinem Mann.
Ich verstand meinen Sohn nicht. Warum sah er denn nicht ein, dass er professionelle Hilfe brauchte? Dass er psychisch völlig aus dem Gleichgewicht geraten war? Denkt er wirklich, eine Beziehung mit Schlägen hätte eine Chance? Er hat doch als Kind schon mit ansehen müssen, wo so etwas hinführt! Ich verstand einfach nichts mehr.

Drei Monate später stand mal wieder Lucas mit der Kleinen und Problemen vor der Tür: “Kann ich erst mal bei euch bleiben? Ich habe mich von meiner Freundin getrennt, ich will dort nicht mehr bleiben.“
“Ja klar, kannst du hier bleiben. Aber hier im Haus gibt es keine Drogen – oh sorry – keine Joints”, ordnete mein Mann an, “und es gibt auch kein Geschrei!”
“Ja ist o. k. Ich habe noch eine Überraschung: Ich habe wieder einen Job.”
Wir freuten uns riesig. “Das ist ja schön. Dann suche dir schnell eine Wohnung und krempele dein Leben um!”, strahlte ich. Ich war froh, wenn er eine eigene Wohnung hatte. Als er bei uns war, achtete ich immer darauf, dass er pünktlich zur Arbeit ging. Ansonsten hatten wir täglich Auseinandersetzungen, die immer mit Geschrei endeten. Es war wieder der Teufelskreis: Ich wollte ihn und die Kleine um mich haben, um zu wissen, wie es ihnen geht und Lucas’ Pünktlichkeit kontrollieren. Auf der anderen Seite war ich froh, wenn er eine eigene Wohnung hatte. Dann, und nur dann, war bei uns zu Hause Ruhe. Mit Lucas war das leider nicht möglich. Er hatte sich

selten unter Kontrolle.
“Ja, ich krempele mein Leben um, aber ich habe kein Geld für die Kaution.”
“Das geben wir dir.”
Mein Mann versteckte alle Wertsachen. Vertrauen in Lucas hatten wir nicht, dazu war zu viel passiert. Kein Vertrauen zu seinem eigenen Kind zu haben, ist die Hölle.

Der Umzug in seine neue Wohnung nahte. Lucas bekam schon den Schlüssel, um Renovierungsarbeiten durchzuführen. Wir halfen ihm, fuhren die Möbel, bauten sie mit ihm auf, strichen die Wände, putzten. Die Wohnung wurde richtig gemütlich. Mein Sohn strahlte. “Danke für eure Hilfe.”
Ausgepowert, aber glücklich fuhren wir nach Hause. Es schien sich doch noch einmal alles zum Guten zu wenden. Ich wollte fest daran glauben. Die Ruhe zu Hause war erst einmal sehr ungewohnt. Das Plappern und das fröhliche Lachen der kleinen Maus fehlte uns sehr. Lucas brachte sie uns aber regelmäßig vorbei.

An einem Nachmittag holte ich die Kleine vom Kindergarten ab. Lucas musste länger arbeiten, so bat er mich, die Kleine zu holen. Die kleine Maus war ganz still. Das war sehr ungewöhnlich. Eigentlich war sie immer fröhlich und am Erzählen. “Hey Mäuschen, war es nicht so gut heute im Kindergarten?”
“Doch”, antwortete sie einsilbig.
“Warum bist du denn so still? Magst du Oma erzählen, was dich bedrückt?”

“Papa raucht wieder und die Jenny war auch da. Da haben beide geraucht.”
“Zigaretten darf der Papa doch ruhig mal rauchen”, versuchte ich, sie zu beruhigen. Die Kleine rollte mit den Augen: “Oma, die Lustigzigaretten. Da hast du doch schon mal mit Papa geschimpft.” Die Kleine verzog ihre kleine Schnute. Ich war zu Tode erschrocken. Die Kleine bekam mehr mit, als ich es für möglich gehalten hatte. Ja, man sollte Kinder nicht unterschätzen.
“Ich spreche nachher mit dem Papa, o. k. Maus?”
“Hmhm”, kam es nur von ihr.
Am Abend brachten wir die Kleine nach Hause. Lucas war wieder so blass. “Lucas, was ist los? Warum war Jenny hier?” Gleich funkelte er seine Tochter böse an. “Lucas, das ist ein kleines Kind”, erinnerte ich meinen Sohn. “Klar, plappert sie drauf los. Was meinst du, wenn sie das woanders erzählt. Hast du da schon mal darüber nachgedacht?” Er schickte seine Tochter in ihr Zimmer, dann zog er seinen Pulli aus. Überall hatte er blaue Flecken. Ich erstarrte. Alte Bilder kamen in mir hoch.
“Das passiert, wenn ich nicht mache, was sie will.”
“Dann ruf doch die Polizei!”
“Sie ist ja nicht immer so. Ich liebe sie auch noch. Sie sieht übrigens genauso aus.” Lucas begann zu weinen.
“Das ist doch keine Liebe! Ihr schlagt euch. Ihr macht euch doch gegenseitig kaputt und die kleine Maus ist mittendrin!!”
“Hat Papa doch auch gemacht. Und wie lange bist du bei ihm geblieben?”
Jetzt war es raus. Endlich sprach er darüber, es war zwar nur

dieser eine Satz, aber vielleicht war das ja mal ein Auslöser.
“Und willst du denselben Fehler machen? Willst du deinem Kind das bieten, was ich dir geboten habe? Lucas, ich werde mich nie von dieser Schuld befreien können, aber tu das nicht auch deiner Tochter an. Und übrigens: Ich habe NIE Drogen genommen. Versprich mir, dass du Jenny nicht mehr reinlässt. Und wenn sie Theater macht, dann ruf die Polizei!”
“Ich versuche es.”

***

So gingen die nächsten Wochen und Monate dahin. Wenn wir bei Lucas waren, war immer alles in Ordnung. Wir hatten nichts zu beanstanden. Er war geduldig mit seinem Töchterchen, redete normal mit uns und ging arbeiten. Auch wenn er bei uns war, war alles wie bei einer ganz normalen Familie. Seit fünf Tagen hatte ich jetzt nichts von meinem Sohn gehört. Das war ungewöhnlich. Er antwortete auch nicht auf meine Nachrichten. Also fuhr ich hin. “Was machst du hier?”, empfing er mich.
“Ja danke, ich freue mich auch, dich zu sehen”.
“Boah, Mama!” Lucas war nervös und genervt. Jetzt sah ich ihn an. Er hatte wieder ein blaues Auge. “Lucas, nein, sag nicht, dass sie das wieder war.” Lucas sagte nichts, dicke Tränen kullerten über seine Wangen. “Ich komme einfach nicht von ihr los”, sagte er traurig.
“Ich kann es dir nur noch einmal sagen: Such dir Hilfe! Du schaffst das nicht allein.”
“Hör auf damit!”

“Willst du erst warten, bis man dir die Kleine wegnimmt? Sie braucht es doch nur mal im Kindergarten zu erzählen oder bei einer Freundin, was bei euch los ist. Meinst du, die schauen da zu? Da ist die Kleine schneller weg, als du gucken kannst.”
“Quatsch, warum sollte man mir mein Kind wegnehmen.”
“Drogen, Gewalt – reicht das?”
Lucas senkte den Blick und biss sich auf die Lippe.
“Oh man, Mama, so weit habe ich noch gar nicht gedacht.” Das war wieder so typisch für meinen Sohn. Er dachte nie nach, handelte, wie er gerade wollte und dachte nichts zu Ende. Ein junger Papa, der selbst noch ein dummes Kind war. Es tut mir leid, anders kann ich es nicht mehr nennen. Es war zum Verzweifeln. Ich wusste vor Sorge kaum noch ein und aus.
“Dann wird es mal Zeit dazu!“, sagte ich vorwurfsvoll.
“Ja, du hast recht. Ich kann so nicht mehr weitermachen.”
Daraufhin nahm ich mein Kind ganz fest in meine Arme. Ich streichelte über seinen Rücken und seinen Kopf und er ließ es zu. Das war seit Jahren das erste Mal, dass wir so innig miteinander waren. Lucas weinte, ich sagte nichts, streichelte ihn und ließ ihn weinen.
“Mama, helft ihr mir?”
“Wobei denn?”
“Wegen einem Arzt und so?”
“Klar, vielleicht wäre ja die Klinik gut, wo ich war? Auf einen Termin bei einem Psychologen musst du mindestens ein halbes Jahr warten. Die Kleine kann ja so lange bei uns sein. Das kriegen wir hin.”
“Was muss ich dafür tun?”
“Mit unserem Arzt sprechen, falls du noch keinen eigenen Arzt

hast."
"O. k. Mama, machen wir."
Ich hätte die ganze Welt umarmen können. Mein Sohn wurde endlich einsichtig. Gleich am nächsten Nachmittag gingen wir zu unserem Hausarzt und besprachen alles. Die Klinik, in der ich war, kam jedoch nicht infrage. Lucas hatte keine psychosomatische Erkrankung. Er empfahl uns eine ganz normale, psychiatrische Klinik. Auch dieses Mal machte er gleich einen Termin aus und schon in der nächsten Woche konnte Lucas in diese Klinik. Geplant waren sechs Wochen.

Jenny war zweimal bei uns und machte Theater. Sie wollte wissen, wo Lucas ist und wenn wir ihr das nicht sagen, würde sie ihn wegen Körperverletzung anzeigen. Sie schrie und tobte bei uns, dass mir Angst und bange wurde. Wie kann ein junger Mensch sich nur so vergessen? Wir konnten es nicht verstehen. Vielleicht brauchte sie dringend Drogen und war deshalb so außer sich? Mein Mann rief sofort die Polizei. Zweimal mussten wir das tun, dann war Ruhe. Wir hatten aber Angst, was passieren würde, wenn Lucas wieder aus der Klinik kam. Ich betete, dass sie ihn in Ruhe lassen würde.
Diese Beziehung hatte keine Chance. Eine junge Frau, die Drogen braucht, gewalttätig wird und ein junger Mann, der Drogen braucht und ebenfalls gewalttätig wird! Das ist ein Pulverfass und würde niemals gut gehen. Das kann niemals gut gehen. Wir hofften, dass Lucas das endlich einsehen würde.
Die Zeit in der Klinik tat Lucas sichtlich gut. Er hatte wieder etwas Farbe im Gesicht bekommen, etwas zugenommen und wirkte zuversichtlich. Wir besuchten ihn regelmäßig. Als wir

einmal da waren, war Jenny bei ihm. Er begrüßte uns freundlich. “Oh, was für seltener Besuch“, sagte ich zu ihr.
“Ja ich musste mit Lucas unbedingt reden. Ich brauche dringend Geld!”, forderte sie. Auch sie war sehr blass, etwas zittrig und sehr nervös.
“Jenny, wir möchten dich bitten, zu gehen. Geh zu deinen Eltern, wenn du etwas brauchst. Du kannst nicht alles von Lucas verlangen.”
Mit leicht zitternder Haltung stand sie vor mir, sah mich wütend an, sagte dann aber nichts und ging. “Lucas, ich mache dich fertig!”, waren ihre Worte, dann war sie weg.
Lucas blieb die ganzen sechs Wochen in der Klinik. Als er entlassen wurde, war er clean und wollte es auch in der Zukunft bleiben. Seine Ausraster und seine Respektlosigkeit waren jedoch immer noch an der Tagesordnung.

Am schlimmsten war es immer, wenn wir auf die Kleine aufpassen sollten, aber wir nicht konnten, weil wir selbst etwas vorhatten. Wir machten alles für die Kleine, aber manchmal ging es eben nicht. Wir hatten ja auch noch ein eigenes Leben. Das verstand Lucas überhaupt nicht. Da pampte und schrie er mich an, was ich jetzt nicht wiederholen möchte.
Lucas ging regelmäßig arbeiten, kümmerte sich um die Kleine und hielt seine Wohnung in Ordnung. Aber er kam von Jenny nicht los. Immer wieder war sie bei ihm, rauchte seine Joints, nahm sich Geld von Lucas und rastete aus, wenn er ihr nichts gab. Jedes Mal schlugen sie sich dann. Ich hatte unbeschreibliche Angst um meinen Sohn und um die Kleine. Wo soll das denn alles hinführen? Unser Enkelchen wurde immer stiller.

Das fröhliche Lachen bei uns zu Hause erstarb fast völlig. Sie spielte immer ganz ruhig und in sich gekehrt.

***

Ungefähr acht Wochen nach Lucas' Klinikaufenthalt saß er bei uns in der Küche mit meinem Mann, als ich vom Einkaufen kam. In der Hand hielt er einen Brief. Beide Hände zitterten. Er gab mir den Brief wortlos. Jugendamt!! Sie haben von dem Drogenmissbrauch und der Gewalttätigkeit meines Sohnes durch einen Anruf erfahren und mussten der Sache nachgehen. In vier Tagen sollte Lucas dort erscheinen. Völlig verzweifelt kam er nach dem Termin zu uns. "Die wollen mir meine Tochter wegnehmen. Obwohl ich clean bin, ist die Zeit zwischen der Klinik und jetzt zu kurz für die", schluchzte mein Sohn. "Bitte was? Ich rufe da an."
"Das bringt doch nichts Mama, ich gehe jetzt erst mal."
"Ja geh du nur, ich rufe da an." Am Telefon verhandelten sie jedoch nicht mit mir. Ich musste persönlich erscheinen. Gleich am nächsten Tag fuhr ich hin. Inständig bat ich, die Kleine bei uns zu lassen und nicht in eine Pflegefamilie zu geben. Das verkraftet doch die kleine Maus gar nicht. Sie ist doch so gern bei uns. Die Dame gab mir einen Termin, an dem sie zu uns kommen und sich alles anschauen würde. "Sie müssen verstehen, in so einem Milieu aus Drogen und Gewalt kann kein Kind aufwachsen", belehrte mich die Dame. Als ob ich das nicht selbst wüsste. "Das ist ganz klar. Ich kann Ihr Handeln nachvollziehen, aber mein Sohn nimmt keine Drogen mehr."

“Ja, das muss er über einen längeren Zeitraum nachweisen.”

Als ich an diesem Tag vom Jugendamt kam, fuhr ich noch bei Lucas vorbei.
Meinen Mann rief ich an und bat ihn, die Kleine abzuholen. Meine Welt stand still. So weit ist es gekommen, dass man meinem Sohn das Kind wegnehmen wollte? Als ich klingelte, zitterte ich vor Wut. Ich hatte nie ein starkes Selbstbewusstsein, aber wenn es um mein Kind und jetzt um mein Enkelkind ging, würde ich über Leichen gehen. Solange ich etwas tun konnte, würde ich das auch tun.
Lucas öffnete: “Was machst du hier, Mama? Geh bitte wieder!”
“Nein, ich werde nicht gehen”. Ich trat ein, Jenny saß auf dem Sofa und rauchte. Gott sei Dank eine normale Zigarette.
”Das trifft sich gut, dass die junge Dame auch hier ist.” Hasserfüllt sah ich sie an: “Ist es das, was Sie wollten? Lucas das Kind wegnehmen lassen? Oder woher bekam das Jugendamt den Tipp wegen der Drogen? Lucas hat keine mehr genommen!” Ich war komplett außer mir.
“Beruhige dich, Mama.”
“Ach ja? Ich soll mich beruhigen? Nein Lucas, solange du an so was hängst wie diese Jenny hier, wird sich nichts ändern. Ruckzuck hängst du wieder in den Drogen. Ist sie das wert? Steht sie über deinem Kind?”
Jenny stand auf und kam auf mich zu: “Schrei hier mal nicht so rum, das ist das Leben deines Sohnes, das geht dich gar nichts an!”
“Was mich was angeht und was nicht, das entscheide ich im-

mer noch selbst. Übrigens bin ich für Sie auch immer noch Sie, verstanden!?"
Zu meinem Sohn gewandt wütete ich weiter: "Lucas, wach auf! Was soll denn noch passieren?"
"Ja, Mama, jetzt geh erst mal wieder!"
Wutentbrannt verließ ich die Wohnung. Fahren konnte ich so nicht, ich musste erst mal zur Ruhe kommen. Dann kam das große Heulen. Die Kleine muss vielleicht von ihrem Zuhause und von uns weg. Das bekam ich einfach nicht in meinen Kopf. Das war die Hölle, ein Albtraum, ein Schreckgespenst und vieles mehr. Alles auf einmal. Ich konnte gar nicht mehr klar denken. Meine ganzen Jahre der Aufopferung – alles war umsonst.

Das war der schwärzeste Tag meines Lebens. Meine Welt stand komplett still. Ich fühlte mich wie in einem Vakuum.

Zwei Wochen zitterten wir um unsere kleine Maus. Es war unerträglich. Wir konnten uns einfach ein Leben ohne die Kleine nicht vorstellen. Auch durfte ich nicht darüber nachdenken, wenn die Kleine bei fremden Menschen wäre. Vielleicht waren ja nicht alle Pflegeeltern lieb. Man hörte ja schon so einige Sachen. Dann kam der ersehnte Bescheid vom Jugendamt. Die Kleine durfte bei uns bleiben, das Sorge- und das Aufenthaltsbestimmungsrecht wurde uns für ein Jahr zugesprochen. Danach sollte alles neu geprüft werden. Ein Jahr? Da kam die Kleine ja schon in die Schule.
Gott, waren wir erleichtert. Alle drei weinten wir vor Freude. Der Dame vom Jugendamt bin ich heute noch dankbar.

Doch mein Sohn wurde nicht wach, er rauchte wieder regelmäßig Joints, aber ich sagte nichts mehr. Mein Mann und ich kümmerten uns um die Kleine und hofften, dass mein Sohn irgendwann einmal zur Einsicht kam.

Eines Tages klingelte er völlig aufgelöst und zitternd bei uns.
"Mama, ich kann nicht mehr. Ich will noch mal in die Klinik. Jenny bin ich endgültig los."
"Das hört sich doch gut an, Lucas. Aber komm doch erst mal rein."
Die Kleine lief gleich auf ihren Papa los: "Papa ... Papa ..." Er hob sie hoch und drückte sie ganz fest. Diese Innigkeit zwischen Papa und Töchterchen war allerliebst. Wenn die ganzen Sorgen drum herum nicht wären, wäre das das pure Glück. Leider war es nicht so!
"Lucas, heute wollten wir dir eigentlich sagen, dass unsere Elternpflichten jetzt vorbei sind. Wenn es so weit kommt, dass einem das Kind weggenommen wird, dann geht es kaum noch tiefer, außer noch die Obdachlosigkeit. Bezahlst du denn regelmäßig deine Miete?"
"Ja, Mama, auf jeden Fall. Ich will auch mein Kind wiederhaben."
"Das glaube ich dir. Musste es wirklich erst so weit kommen?"
Darauf antwortete Lucas mit Tränen. Beim Abendessen herrschte absolute Stille. Selbst die Kleine gab keinen Ton von sich. Niemand sagte etwas. Weihnachten war bedrückend, Silvester blieben wir zum ersten Mal zu Hause. Ich konnte nicht weggehen. Ich war immer noch wie gelähmt. Immer noch

konnte ich es nicht fassen, dass meinem Kind das Kind weggenommen wurde. Auch wenn die Kleine bei uns war und Lucas sie immer sehen konnte, war es Tatsache, dass ihm das Sorgerecht entzogen wurde. Saskia interessierte das alles auch nicht. Was hatte die Kleine bloß für Eltern? Ich war untröstlich. War ich auch daran schuld? Klar, Lucas hatte eine miese Kindheit ohne jeglichen Respekt. Ich kann mich einfach nicht von dieser Schuld freisprechen. Irgendwann muss man doch aber selbst in der Verantwortung sein, sein Leben zu gestalten und das mit Herz und Verstand.
Man kann nicht alles auf die Eltern schieben. Das mag ja auch stimmen, aber ich kann das nicht. Ich kann nicht so denken. Ich habe ihm die Kindheit versaut, weil ich nicht aus der Gewaltspirale ausgebrochen bin. Und jetzt bekam ich schonungslos seit Jahren die Quittung.

Gleich im neuen Jahr bekam Lucas einen Termin in der Klinik. Er machte einen Drogenentzug und hatte regelmäßige Einzeltherapien mit einem Psychologen. Ich hoffte inständig, dass er die Therapie auch für sich machte und nicht nur, um die Kleine wiederzubekommen. Denn dann würde das alles nicht lange anhalten. Lucas musste für sich den starken Willen dazu haben. Das besprach ich auch mit ihm und er versicherte mir, dass er es auch für sich wollte. Er wollte nicht mehr mit Drogen leben. Schon gar nicht mit Gewalt. Ich ließ die Zeit arbeiten. Wir besuchten Lucas regelmäßig und wie schon beim letzten Mal sah mein Sohn gut aus. Wir schöpften neue Hoffnung. Lucas hatte Angst um seine Arbeitsstelle, weil er wieder über längere Zeit krankgeschrieben war. "Ruf doch dort mal und sprich mit de-

nen", schlug ich ihm vor.
"Nein, das traue ich mich nicht."
"Du musst doch nicht sagen, warum du hier bist."
"Nein, Mama, das mache ich nicht."
"O. k., alles gut, Lucas."
Vielleicht hatte er ja recht, was sollte er auch sagen? Aber die Angst war unbegründet. Lucas bekam nicht die Kündigung. Als er wieder zu arbeiten begann, wurde er sehr nett empfangen. Ihm fiel ein Riesenstein vom Herzen.
Ich war immer für meinen Sohn da, doch ich muss auch sagen, dass ich wahnsinnig sauer auf ihn war. Er hat sich nie etwas sagen lassen, lebte so, wie es ihm gerade passte und jetzt? Jetzt musste er das Sorgerecht für sein Kind hergeben. Zwar nur auf Zeit, aber immerhin. Das ist so heftig, dass ich die Gefühle kaum beschreiben kann. Das waren meine einzigen Gedanken monatelang – Lucas verlor das Sorgerecht für die Kleine und ihre Mama wollte sie auch nicht.

Jetzt hoffte ich, dass es besser werden würde. Mein Mann machte mir auch immer wieder Mut. Mit Lucas gingen wir anders um. Das war nicht mehr das ständige mit ihm reden wollen. Wir ließen ihn spüren, dass alles, was passiert ist, zu viel war. Das hieß nicht, dass wir ihn fallen ließen, aber wir liefen nicht gleich los, wenn er ein Problem hatte. Auch fragte ich nicht mehr so oft, ob alles in Ordnung war.

Ein Jahr war seit diesem fürchterlichen Tag vergangen. Lucas ging regelmäßig zum Jugendamt. Er musste Atteste vorlegen, in denen bescheinigt wurde, dass er clean war. Auch musste er nachweisen, dass er einen Job hatte. Die Kleine durfte jetzt an jedem zweiten Samstag zu ihm, aber nur unter Aufsicht. Ich kann nicht beschreiben, wie glücklich wir darüber waren. Vor allem aber natürlich Lucas. Er ging super mit der Kleinen um, aber an Geduld fehlte es ihm immer noch etwas. Ich denke jedoch, dass das sein Charakter ist. Ein Mensch hat Charaktereigenschaften, die er nicht ändern kann. So ist das leider. Aber er gab sich sehr große Mühe und ich kann sagen, dass er ein guter Papa war. Die erste Zeit war immer jemand vom Jugendamt dabei, aber dann durfte Lucas die Kleine ohne Aufsicht bei sich haben. Als er die Kleine zum ersten Mal eine ganze Woche bei sich hatte, kam das Jugendamt, sah sich die Wohnung an und beobachtete Lucas bezüglich des Umganges mit seiner Tochter. Sie hatten nichts zu beanstanden.

Vier Wochen später, als ich von der Arbeit kam, stand mein Sohn mit der Maus bei uns vor der Tür. Sie strahlten beide um die Wette. "Oma ... Oma ... Oma ... ich kann wieder bei Papa wohnen. Bist du und Opa jetzt traurig, dich ich nicht mehr immer da bin?" Die Kleine war so süß in ihrer Art, freute sich auf das Zuhausesein mit ihrem Papa und machte sich gleichzeitig Sorgen, dass wir böse darüber sind.
"Nein Schätzchen, wir sind nicht böse oder traurig. Es ist doch schön, wenn du wieder bei deinem Papa wohnst, oder?"
Traurig sah die Kleine jetzt meinen Mann und dann mich an: "Bei euch war es auch superschön." Ich kämpfte mit den Tränen, aber ich blieb stark: "Mäuschen, kommst du uns ganz oft besuchen, ja?"
"Klar, Oma".

“Versprochen?”, fragte der Opa.
“Versprochen. Dickes Ehrenwort.” Bei ihren Worten hob sie ihre kleine Hand und kreuzte zwei Finger wie zum Schwur. Es war so niedlich. “Das ist ja schön, Oma und Opa freuen sich für euch.”
Ich sah meinen Sohn an. Er zeigte mir das Schreiben vom Jugendamt: “Ich habe das Sorgerecht wieder”, strahlte er.
Ich hob die Kleine hoch und wirbelte sie durch die Luft. Das hätte ich lieber lassen sollen, denn mein Rücken meldete sich sofort. Ich nahm meinen Sohn in den Arm: “Mach was draus Lucas, eine weitere Chance bekommst du nicht mehr.”
“Ja, Mama”, sagte er genervt. Warum ist er denn immer gleich genervt? Ja gut, so war er eben im Umgang mit mir. Damit musste ich umgehen lernen. Ich konnte nicht mehr darauf hoffen, dass sich das ändern würde. Die Enttäuschung war zu groß.

Es war Freitagabend, ich saß mit meinem Mann am Abendbrottisch, wir diskutierten gerade über Politik, das machten wir ganz gern, da klingelte das Telefon. Als ich Lucas’ Namen auf dem Display sah, hatte ich sofort wieder Herzrasen. Es hörte nicht auf. Immer wieder das Gleiche. Sobald von Lucas eine Nachricht oder ein Anruf einging, stand ich unter extremer Anspannung und zitterte.
“Mama, hallo, könntet ihr am Wochenende die Kleine nehmen? Ich habe eine Einladung zu einer Party.” Wir hatten aber an diesem Wochenende selbst etwas vor. Er hätte es uns eher sagen sollen, heute war ja schon Freitag. Auch das machte Lu-

cas gern, kurz vorher erst fragen, ob wir die Kleine nehmen. Bis dahin haben wir immer alles verschoben, wenn wir etwas vorhatten. Dieses Mal ging das aber nicht und ich wollte das auch nicht. Er kann doch am Wochenanfang fragen. Wo ist denn das Problem? Ich musste ihm absagen und dann ging es los.

Lucas beschimpfte und beleidigte mich, dass mir Hören und Sehen verging. "Du kümmerst dich sowieso kaum um die Kleine … jedes Mal die Bettelei … sie weint schon, weil sie euch nicht sieht …" und so weiter und so weiter.

Das stimmte doch alles nicht. Klar, in der Zeit, als ich krank war, konnte ich mich nicht kümmern. Für Lucas sind wir scheinbar Personen, die ständig da zu sein haben, egal wie es uns ging oder was wir vorhatten. Wenn er rief, hatten wir zu springen. Daran waren wir selbst schuld. Wir waren ja auch immer da und für meinen Sohn war das eine Selbstverständlichkeit.

Wir hatten die Kleine bei uns, wenn Lucas etwas vorhatte, auch kurzfristig, haben wir es immer eingerichtet, dass wir unsere Maus zu uns nehmen konnten.

"Weißt du was, Mama? Lebt euer Leben und ich lebe meins mit der Kleinen", wütete er und legte auf. Ich war baff. Mein Mann kam gleich auf mich zu, weil ich schwankte. Ich dachte wirklich, mir zieht jemand den Boden unter den Füßen weg. Wir kümmern uns nicht genug um die Kleine? Das war lächerlich, wenn es nicht so traurig wäre. Wir taten alles für die Kleine, wir liebten sie unendlich. Ich wollte Lucas eine Nachricht schreiben, aber er hatte mich blockiert. Also bat ich meinen Mann, ihm eine Nachricht zu schreiben, aber auch ihn hatte er

blockiert. Mich hat Lucas schon öfter mal blockiert, sodass ich keine Möglichkeit hatte, ihm zu schreiben, aber meinen Mann noch nie. Ich dachte mir, das macht er sowieso nicht lange. Aber ich wartete bei diesem Mal nicht darauf, dass er die Blockierung aufhob, ich blockierte ihn meinerseits auch. So ging das nicht mehr weiter.
Habe ich es wirklich verdient, dass er so mit mir umgeht? Mir Sachen an den Kopf wirft, die nicht stimmen? Jahrelang sind wir mit ihm durch die Hölle gegangen und jetzt? War ich imser nur ein Fußabtreter für mein Kind? Nein, das wollte ich nicht mehr. Ich atmete tief durch und sagte zu meinem Mann: "Dann ist es jetzt eben so. Dieses Mal hoffe ich auf nichts mehr. Soll er sehen, wie er klarkommt."
"Warte ab, Schatz, in ein paar Tagen steht er wieder vor der Tür."
"Dann hat er Pech gehabt, ich will nicht mehr."

***

Aber Lucas meldet sich nicht mehr. Am schlimmsten ist natürlich, dass wir auch von der Kleinen nichts hören. Das tut richtig weh, aber ich kann es leider nicht ändern. Zu ihm fahren werde ich definitiv nicht. Er muss merken, wenn er zu weit geht. Wir möchten uns nicht mehr so behandeln lassen. Ich habe nie irgendjemanden etwas zuleide getan, aber mir wurde permanent wehgetan. Damit muss Schluss sein! Ich möchte jetzt nur noch an meinen Mann und mich denken. Wer anständig mit mir umgeht, mit dem gehe ich auch vernünftig um. Wer das nicht kann, soll einfach wegbleiben. Es tat unbeschreiblich weh die ersten Tage. Mittlerweile ist es so, dass wir langsam zur Ruhe kommen. Keine Angst mehr haben müssen vor dem Telefon oder vor dem Handy, ist befreiend. Mal sehen, wann die nächste Katastrophe kommt. Ich hoffe natürlich, dass sie ausbleibt. Aber ich muss den Abstand zu Lucas haben.

Mein Mann und ich mussten auch wieder zu uns finden. Wir hatten keine Zeit mehr für uns und wenn wir die hatten, keine Nerven. Wir mussten unser Glück wieder erarbeiten. Ich sehe Lucas als kleines, süßes Kind vor mir, später, als er mich so oft getröstet hat oder den Arzt rief. Wo ist dieses Kind hin?

Seit dem Kontaktabbruch von Lucas sind jetzt schon Wochen vergangen. Wie gesagt, die ersten Tage waren sehr nervenaufreibend, nicht zu wissen, wie es den beiden ging. Aber es geschah nichts. Jetzt muss ich gestehen, dass ich wie befreit bin. Ich brauche keine Angst mehr vor dem Telefon zu haben. Doch die kleine Maus fehlt mir und auch meinem Mann und das werden wir Lucas nie verzeihen! Damit ist er zu weit gegangen!

Ich stehe zu dem, was passiert ist und möchte mich nach wie vor nicht von meiner Schuld freisprechen. Aber genug ist genug! Habe ich nicht genug gelitten? Es muss doch auch einmal reichen. Mein Mann und ich müssen einen Neuanfang schaffen, das ist gar nicht so einfach. Fast ein Jahrzehnt stand nur Lucas im Mittelpunkt. Ich bin unendlich traurig, wenn ich an meinen Sohn denke, vor allem tut es mir um die Kleine so leid. Wir leben wie in einem Trauerprozess.

Wenn wir im Urlaub sind und eine Kirche besichtigen, zünde ich jedes Mal für meinen Sohn und meine Enkelin eine Kerze an. Auch zu Hause brennt immer eine Kerze für die beiden. Ich hoffe, dass bei den beiden alles in Ordnung ist. Mehr kann ich nicht tun.

Aber:

ES! TUT! VERDAMMT! WEH!

***

Nachwort von Anna

Ich möchte mit meiner Geschichte nicht meinen Sohn an den Pranger stellen, sondern aufzeigen, wie zerstörend es in einer Familie sein kann, wenn das eigene Kind nicht seinen Lebensweg findet. Und das alles durch die Schuld der Mutter. Ich bin in einer Spirale aus Gewalt aufgewachsen und in meiner Ehe gefangen gewesen – ich habe den Absprung viel zu spät geschafft. Leider musste mein Kind viel Leid mit ansehen und darum gebe ich mir die Schuld.

Mein größter Wunsch ist es heute, meinen Sohn und meine Enkelin zurückzubekommen. In erster Linie die Kleine. Lucas natürlich auch, aber nur, wenn er mir und meinem Mann mit Respekt begegnet. Bis dahin wird immer ein Riss in meinem Herzen sein. Es sind doch meine Mäuse – alle beide und ich liebe sie unendlich.

Ihre Anna

Nachwort von Martina Woknitz

Ich bitte Sie, lieber Leserinnen und Leser, sollten sie in einer ähnlichen oder gleichen Situation, wie Anna es gewesen ist, sein, brechen Sie aus! Gehen Sie mit Ihrem Kind! Kein Kind sollte so aufwachsen! Ich bitte Sie inständigst darum. Es gibt viele Anlaufstellen für Frauen und Kinder in Not.

Sind Sie jedoch glücklich verheiratet, glücklich mit ihrem Kind oder Kindern, Enkeln, Urenkeln, dann halten Sie Ihr Glück ganz, ganz fest.
Glück ist nichts Selbstverständliches.

Ich bedanke mich aus tiefstem Herzen für Ihr Interesse an meinem Buch und wünsche Ihnen allen ein glückliches, gesundes und vor allem gewaltfreies Leben.

Danksagung

Ich möchte mich in erster Linie bei Anna für ihr Vertrauen bedanken.
Liebe Anna, vielen Dank für deine Offenheit und deine Tagebücher. Diese Geschichte ist nur mit und durch deine Hilfe entstanden.
Danke, dass ich deinen Lebensbericht aufschreiben durfte.
Ich wünsche dir von ganzem Herzen, dass du und dein Sohn wieder zueinander finden, dein Enkelkind wieder fröhlich durch deine Wohnung lacht und natürlich ganz viel Glück mit deinem Mann.

Mein großer Dank gilt auch Frau Daniela Behr.
Ohne Sie, liebe Frau Behr, würde es dieses Buch nicht geben.
Vielen, vielen Dank für Ihre Unterstützung und Ihre Hilfe. Sie haben immer ein offenes Ohr für mich, und das ist wundervoll.
Auch ein großes Dankeschön für die wundervolle Zusammenarbeit.
Ich wünsche Ihnen nur das Beste.

Lesen Sie mehr von Martina Woknitz bei DeBehr

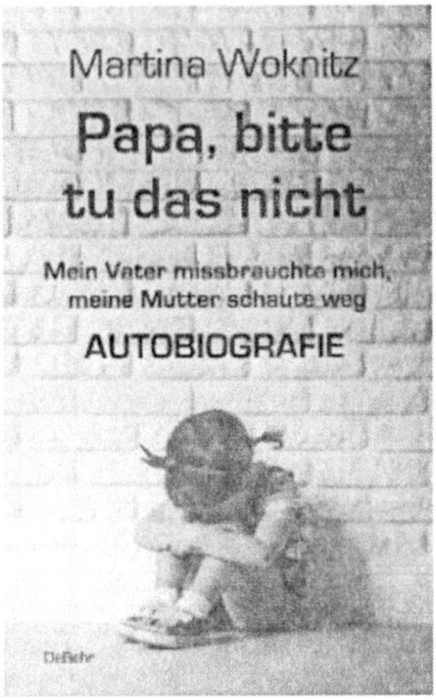

Die Kindheit der kleinen Martina ist von Anfang an von Missbrauch und Gewalt geprägt. Sie ist gerade einmal fünf Jahre alt, als ihr Vater sich das erste Mal an ihr vergeht. Als sich das kleine Kind hilfesuchend an die Mutter wendet, schlägt diese ihre Tochter für deren angebliche Lügen. Der Vater missbraucht sie in den nächsten Jahren und wird dabei immer brutaler. Es dauert lange, bis die mittlerweile junge Frau sich befreien kann. Doch dann betritt sie eine neue Hölle, brutalst und gewissenlos tyrannisiert ihr Partner sie und das gemeinsame Kind ... Ein erschütternder Tatsachenroman, der anderen Opfern helfen möchte, Mut zu fassen, das Erlebte zu verarbeiten, sich zu erheben gegen die Peiniger, zu erkennen, dass nicht die Opfer Schuld tragen, sondern die Täter - und endlich aus ihrem Schicksal auszubrechen.

198 Seiten Taschenbuch, 10.95€,
ISBN: 9783957534989

Als ich meine Tochter neugeboren in den Armen hielt, versprach ich ihr, sie vor allem Bösen zu beschützen. Doch das Böse lebte mit uns unter einem Dach. Ich war damals in einer Nacht- und Nebelaktion aus meinem fürchterlichen Elternhaus zu meinem Freund gezogen, nicht ahnend, dass ich von einer Hölle in die nächste schlitterte. Meine Kindheit prägten Demütigungen, Schläge und sexueller Missbrauch. Meine Ehe wurde nun von physischer und psychischer Gewalt, Brutalität und Vergewaltigungen bestimmt. Michael war ein toller Mann, als ich ihn kennenlernte. Er sah sehr gut aus und wir liebten uns abgöttisch. Doch die Fassade bröckelte. Mein Ehemann wurde immer brutaler und zeigte sadistische Züge. Mutlos ertrug ich jegliche Art der Gewalt. Erst nach 20 Jahren entkam ich dieser Hölle. Fast hätte ich nicht überlebt. DIE AUTOBIOGRAFIE EINER GESCHUNDENEN FRAU, DIE ERST FAST ZU SPÄT DEN MUT FAND, SICH ZU RETTEN.

142 Seiten Taschenbuch, 10.95€,
ISBN: 9783957535085

“Mama, ich muss dir was sagen.” Ihre Mutter sah sie genervt an und wartete. Da das kleine Kind verstummt war, blaffte sie das Mädchen an: “Ja, was denn nun?” “Papa … Papa … hat … heute Nacht …” Die Kindheit und Jugend von Martina sind geprägt von sexuellem Missbrauch durch ihren Vater und Prügel durch ihre Eltern. Sie ist von klein auf verlassen. Mit 19 Jahren lernt sie ihren zukünftigen Ehemann kennen und zieht zu ihm. Doch dieser Mann ist nicht der liebevolle und charmante Partner, den sie sich erträumt. Er entpuppt als gewalttätiger Tyrann und Alkoholiker, schlägt und vergewaltigt die junge Frau. Die Flucht ins Frauenhaus bietet dauerhaft keinen Schutz, denn ihr Noch-Ehemann ist Martina auf der Spur. Bald gerät sie in tödliche Gefahr. Die Autorin war schon als kleines Kind Opfer dauerhafter sexueller Übergriffe durch ihren Vater, ihr Ehemann entpuppte sich als sadistischer Vergewaltiger und Frauenschläger. Ihre Erlebnisse lässt sie in diesen Roman einfließen.

182 Seiten Taschenbuch, 10.95€,
ISBN: 9783957535382